肉体と精神
究極のトレーニングバイブル
〜ヘビーデューティーマインド〜

HEAVY DUTY

小川 淳・著　JHITA・監修

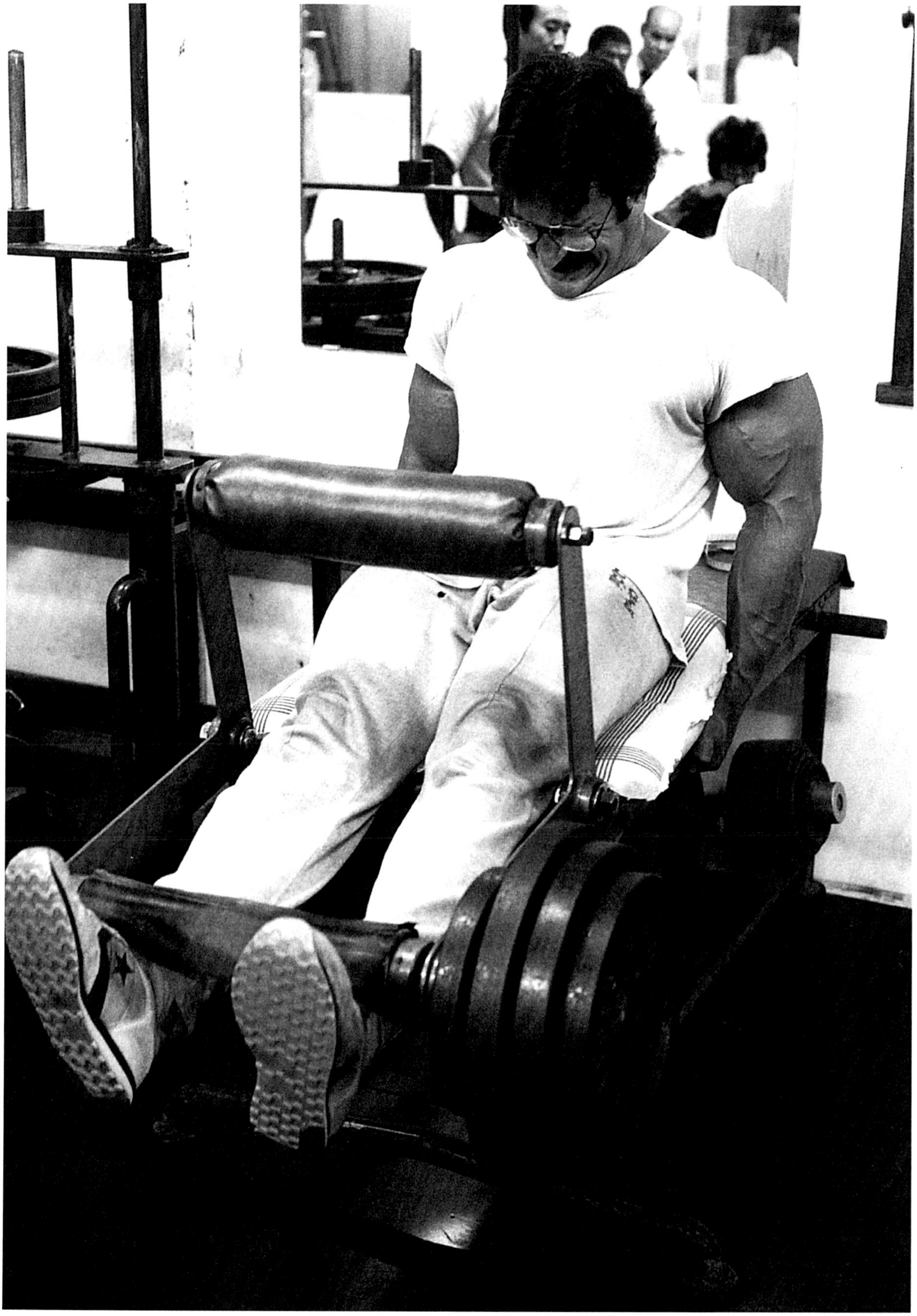

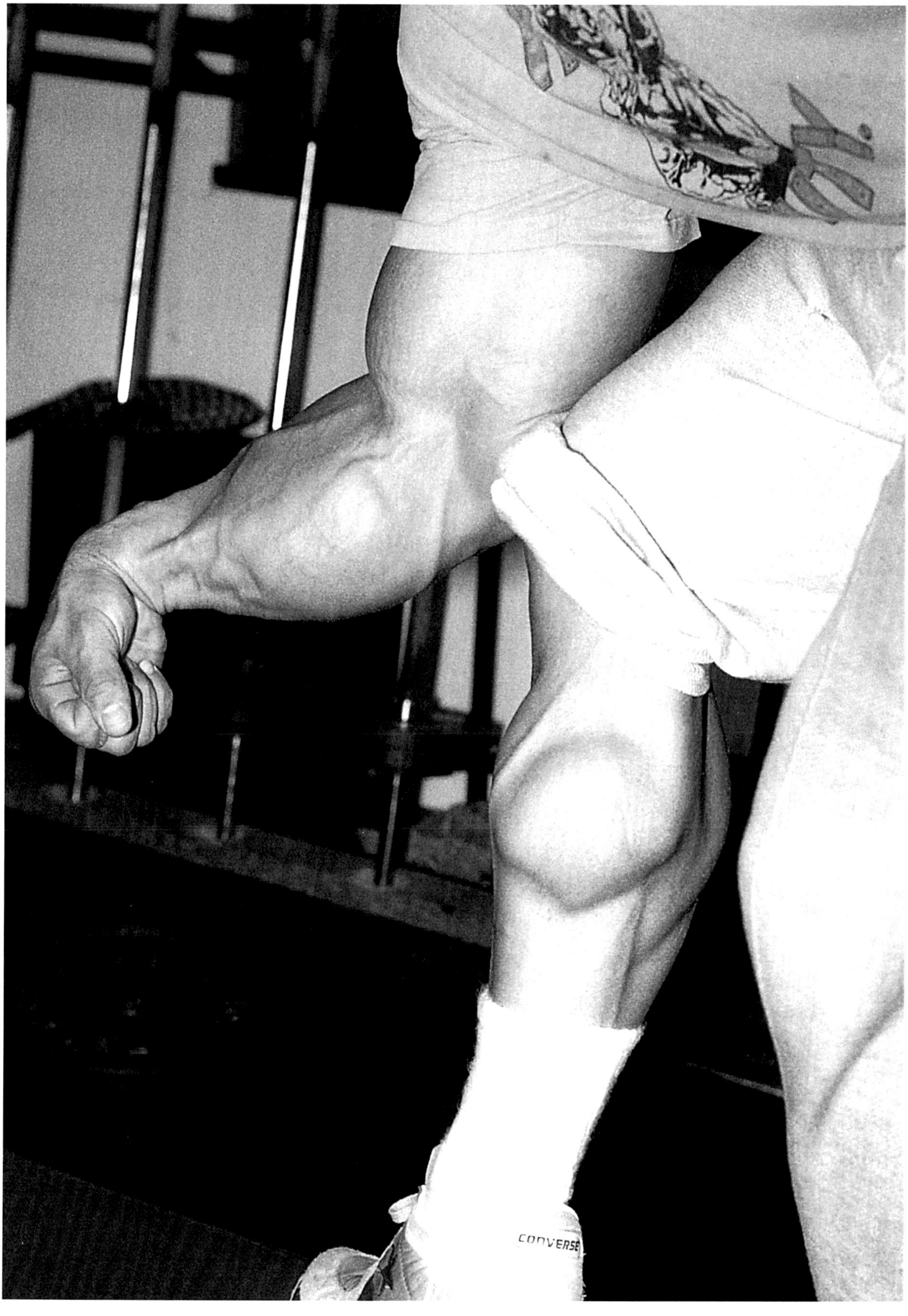
CONVERSE

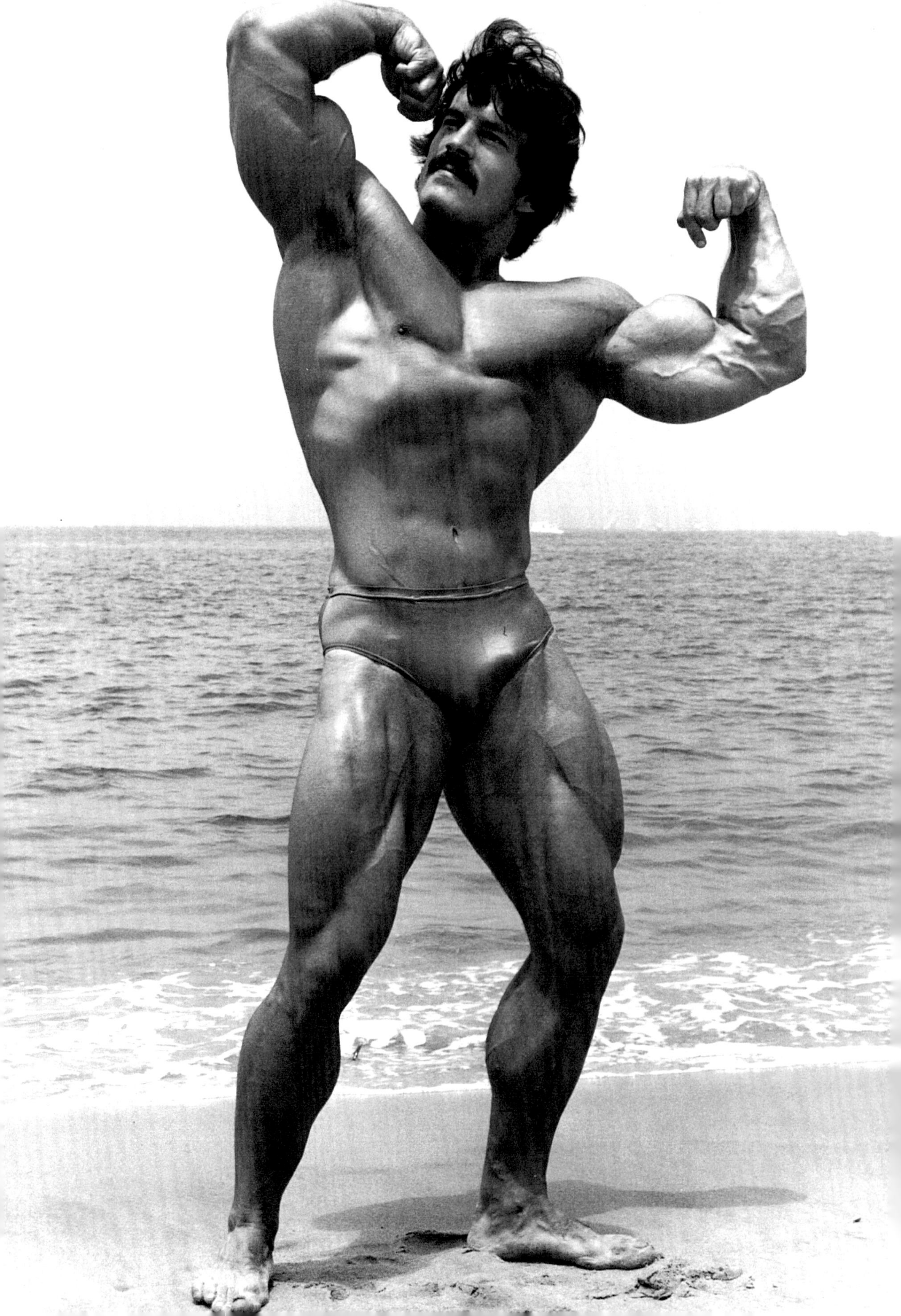

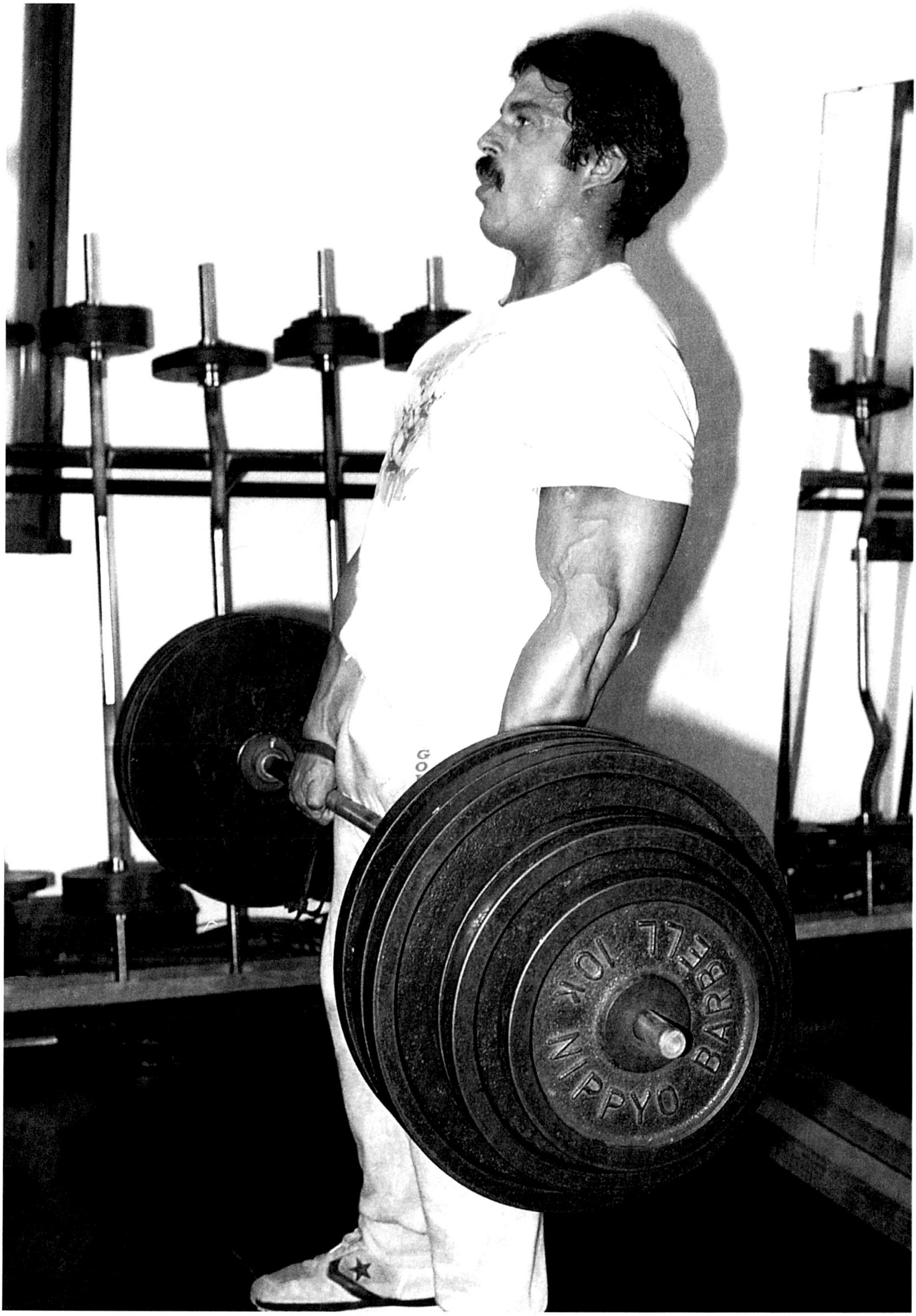
NIPPYO BARBELL 10K

はじめに

　あれは高校2年生の時、柔道部の顧問に突然呼び出された僕は、『ボディビルをやるなら、ここだ！』と月刊ボディビルディングを手渡された（これが月刊ボディビルディングとの出会いである）。

　その本の開かれたページを見ると、『ようこそ、ボディビルの聖地ベニスカリフォルニアへ』と書かれていて、何がなんだかわからないけれど、将来ここに行くかもしれないなと思ったことを鮮明に覚えている(当時ボディビルという競技自体もよく知らなかったのに、顧問の先生は何故か、僕がボディビルが好きだと思い込んでいたみたいだ)。そして、3年後20歳になり、それは現実となった。ベニスのゴールドジムへ行き、マイク・メンツァー氏と出会うことになったのだ。この時、直接指導を受ける機会は無かったものの、ほとんど毎日ゴールドジムでマイク・メンツァー氏とは会っていた。もしも、今なら毎回パーソナル指導を受けていただろう。当時の彼は、僕にとって神様のような存在で、声をかける勇気も無かったのである。

　だが数年後、彼と当時月刊ボディビルディング誌でヘビーデューティートレーニングの記事を執筆していた岡部充氏から直接指導して頂く機会に恵まれた。これが、僕とヘビーデューティートレーニングとの本格的な出会いである。

　それ以来、ずっとこのトレーニングを実践し、指導に生かしてきたが、心残りは、いつかマイク・メンツァー氏から、もっと詳しくいろいろな事を直接学ぼうと思っていたが、2001年、49歳の若さで彼はこの世を去ってしまった。

　日本へも様々な形で、このヘビーデューティートレーニングが紹介されてきたが、ほとんどが技法に偏ったものであり、彼が本当に伝えたかった、『MIND』の部分は省略される事が多かった。彼の師である、アーサー・ジョーンズ博士とのトレーニング指導の大きな違いは正に、この部分であると僕は考えている。

　彼の理論を深く理解する為に、臨床心理学を本格的に学ぶことを決意し、(財)関西カウンセリングセンターで学習とトレーニングを積み、上級心理臨床カウンセラーの資格を得た後、関西人間関係研究センターで学び、現在はカウンセラーとして活動しながら、人間の「こころ」を深く学び、トレーニングの指導現場で生かしている。

　本書は、彼が残したたくさんの資料をもとに、僕が学び、そして実践してきた過程の集大成である。僕なりに理解、解釈した部分はもちろん多いが、彼の伝えたかった本当のヘビーデューティートレーニングを知っていただく絶好の機会になると思っている。

　これが、読者の皆さまと HEAVY DUTY MIND との良き出会いになりますように。

小川　淳

はじめに

推薦の言葉

　一般的にウエイトトレーニングの世界で認知度のある高強度トレーニング・HIT（ハイ・インテンシティ・トレーニング）を語る場合、ノーチラスマシンの生みの親であるドクター、アーサー・ジョーンズとHDT（ヘビーデューティートレーニング）のマイク・メンツァー氏の存在は絶対的であり世界中の多くの競技と選手に与えた影響は計り知れません。その偉大なる故人二人を継承すべき功績と真髄を長年研究し続けた小川淳氏が体育とスポーツ出版社発行の月刊誌MONTHLY BODY BUILDINGで18カ月にわたり『ヘビーデューティーマインド』として連載を続け、その内容が一冊の本として纏まると聞き自分の事のように嬉しくそのボルテージはマックスに達しました。なぜなら私と小川氏はウエイトトレーニングを通し長年の交流を経てJHITA『日本ハイインテシティトレーニング協会』を設立した同士で、この連載の橋渡しをしたのも何を隠そう私だからです。

　当時の小川氏は謙虚そのもので私からの連載オファーを何度も辞退していました。しびれを切らした私は「小川さんチャンスはそう何度も訪れませんよ」この一言で奮起した小川氏は連載を開始したではありませんか！　世の中にはありとあらゆるトレーニングメソッドが存在しますが、その最少公約数的なシンプルでいてワンセットオールアウトと濃い中身のトレーニングメソッドHDTを分かりやすく書きしるした本書を私自身はトレーニングバイブルとて位置づけています。そしてウェイトトレーニングで悩む多くの競技者の一助となる事をJHITA会長として切に願います。

　　　　　　　　　　　　　　　JHITA会長　安田　強

長きに渡って肉体の練磨に取り組んで来た私が、最後に辿り着いたのはここだった。

　ヘビーデューティーマインドのタイトル通り、これが、究極のメンタルトレーニングである事に気付いた時、それは私にとって、過去の人生で落としてきたモノへのリベンジ、という位置付けでライフスタイルの中に自然に取り込まれた。そう。男が、50台に突入した時、皆こぞって何かに打ち込み始めるのは、成し遂げる事が出来なかった、過去の自分の人生に対する仕返しをしに行くからなのだ。

格闘技者としての道を歩んできて、人生の半分くらいを戦いの中で生きて来たが、そのほとんどは、目の前の対戦相手と言うよりも、己の中に潜む弱さに敗れた戦（いくさ）ばかりであった。

　武士（もののふ）ストロング安田氏が引き会わせてくれた、ニヤリと笑って人を斬る小川淳会長とのトレーニングは、毎回が、心理的限界の扉をこじ開けて行く、自分自身との熾烈な戦いだ。

　そんな戦いを続けて来て判ったのは、この年齢で、更に進化して行く自分の肉体に対する満足感よりも、限界越えの挑戦に、何の躊躇もなく臨む事の出来る、ヘビーデューティーマインドを身につけていく実感、そちらの方が、遥かに快感なのだ、ということである。

角田信朗

正道会館空手 最高師範 六段

JHITA 最高顧問

COMTENTS

巻頭グラビア／2
はじめに／8
推薦の言葉／10

第1章：ヘビーデューティーマインド『理論編』─────── 15

1．理論編Ⅰ　HEAVY DUTY MIND ─── 16
ヘビーデューティートレーニング(HDT)とは／17
1セットオールアウト：HDTで最も象徴的な言葉／17
複数セットVSワンセット／17
筋肥大の基本原理／18
速筋が必要とされる状況とは？／18

2．理論編Ⅱ　潜在能力を最大限に開花させる ─── 21
遺伝や素質という呪い／21
クライアントAさんの例／22
効きやすいという事と素質との関連性を考える／22

3．理論編Ⅲ　あなたの脳に目標達成プログラムをインストールする ─── 25
あなたのやる気を駆り立てる目標とは／25
あなたの脳に目標達成プログラムをインストールする／25

4．理論編Ⅳ　目標達成へのプロセスを明確にする ─── 31
目標設定／31
簡単な目標設定の例／32
具体的な目標設定を行おう／34

5．理論編Ⅴ　勝者の特性や傾向とは ─── 37
オリンピアンは上限を超越する／37
オリンピアンはポジティブ（積極的思考・プラス思考）に焦点をあてる／37
オリンピアンは成功を受け入れる／39
オリンピアンはゴールを設定する／39
オリンピアンは心の中で視覚化をおこなう／41

6．理論編Ⅵ　超越者になる者 ─── 42
マイクの思想に影響を与えた心理学の新しい波／42
健康な人々を対象とした研究から生まれた心理学／42
アブラハム・マズローが考えた超越者、自己実現者とは／44
マズローが考える自己実現者の特徴／45
カール・ロジャーズが考えた超越者、自己実現者とは／45

第2章：ヘビーデューティーマインド『実践編』——————— 49

1．実践編Ⅰ　HDTの重要な概念 ———————————————— 50
マイク・メンツァー イコール ヘビーデューティー／50
ワンセットオールアウト：HDTで最も象徴的な言葉／50
筋肥大の基本原理／51
フルレンジモーション＆ストリクトフォームそしてスロートレーニングの概念へ／51
HDTでのスロートレーニング／52
1セットの反復回数について／52
筋出力の3つのレベル　ポジティブ＜スタティック＜ネガティブ／53
スーパーセット／53
トレーニングセクションの分割／54

2．実践編Ⅱ　胸＆背中のトレーニング ———————————— 57
まず最初に行なう事は／57
記録をとる／57
メンタルリハーサル／57
ウォーミングアップについて／57
胸のメニュー／58
胸のトレーニング重量と回数の目安／58
背中のメニュー／60
背中のトレーニング重量と回数の目安／60

3．実践編Ⅲ　脚のトレーニング ——————————————— 64
DAY 2：脚のトレーニング　脚のメニュー／64
脚のトレーニング重量と回数の目安／68

4．実践編Ⅳ　肩＆腕のトレーニング ————————————— 71
DAY 3 肩＆腕のトレーニング　肩のメニュー／71
上腕二頭筋のメニュー／73
上腕三頭筋のメニュー／73
肩＆腕のトレーニング重量と回数の目安／74

5．実践編Ⅴ　腹部のトレーニング —————————————— 78
腹部のトレーニング／79
腹部のトレーニング重量と回数の目安／82

6．実践編Ⅵ　上級者のトレーニング① ———————————— 83
筋出力の3つのレベル　ポジティブ＜スタティック＜ネガティブ／83
ネガティブをフォーカスした種目『胸』／84
ネガティブをフォーカスした種目『背中』／86

7．実践編Ⅶ　上級者のトレーニング② —— 92
安全でしかも負荷の逃げないコースを見つける／92
筋発達の為に、効率的なフォーム獲得を目指した「素振り」練習の提案／93
ネガティブをフォーカスした種目『肩』／94

8．実践編Ⅷ　上級者のトレーニング③ —— 98
目標の明確化と設定／98
戦闘モードへ／98
ネガティブをフォーカスした種目『上腕三頭筋』／99

9．実践編Ⅸ　上級者のトレーニング④ —— 104
積極的回復を促進させるいくつかの方法／105
ネガティブをフォーカスした種目『上腕二頭筋』／106

10．実践編Ⅹ　上級者のトレーニング⑤ —— 110
ネガティブをフォーカスした種目『脚』／111

11．実践編Ⅺ　上級者のトレーニング⑥ —— 116
創造への挑戦（既成概念からの脱却）／116
高強度トレーニングとは？／117
刺激を変える？／117
ネガティブをフォーカスした種目『腹』／117

12．ハイインテンシティトレーニングの未来 —— 124
HEAVY DUTY MIND／124
正道会館、角田信朗最高師範との出会い／124
最高の瞬間／125
促進者・ファシリテーターの存在／126
ハイインテンシティトレーニングの未来／126

付録／128
あとがき／135

第1章
ビーデューティーマインド
「理論編」

第1節

ヘビーデューティーマインド理論編I
「HEAVY DUTY MIND」

　世間では、雑誌やTVにDVD、インターネット等でも沢山のトレーニングの情報があふれている状態だ。特にトレーニング初心者や中級者は（上級者でもいるかな）一体どれが正しい方法なんだ？　なんて迷ったりしてるんじゃないだろうか？「トレーニングは一人一人にあったやり方を自ら見つけ出していかなければならない」なんて言う人もいるけど、こんなに情報があったんじゃ自分に合った方法を見つけ出すまでに何年かかるかわからない。しかし全てを検証しなくても筋肉が大きくなるための必要条件は見出せるはずだ。その必要条件を探求していった伝説のビルダーがいる。彼の名前はマイク・メンツァー、そう彼こそがヘビーデューティートレーニング（以下HDTと表記する）を確立した人物だ。

　マイク・メンツァーはアーノルド・シュワルツェネッガーの最大のライバルとして1970年代から80年にかけて活躍した伝説のビルダー、オールドファンならもちろん知っているだろう。彼はノーチラスマシンの開発者として有名なアーサー・ジョーンズ博士と出会い、大きな影響を受け、自らのトレーニング理論を完成させた。1980年のミスターオリンピアでは過去最高のコンディションで出場するもアーノルドに破れ、彼は引退を決意。彼の引退と共に、HDTも次第にボディビル界から注目を浴びる機会が少なくなったのだ。しかし彼は活動をやめなかった。マイクは現役当時と変らない情熱を込め、トレーニング専門誌等への執筆業と共にパーソナルトレーナーとして数々のクライアントを指導した。クライアントはドリアンイエツ（元MRオリンピア）アーロン・ベーカー等のようなトッププロビルダーをはじめ映画俳優、多くの一般トレーニーと幅広く。日本人ではストロング安田（安田強）氏が彼から直接指導を受け、僅か半年間で8kgの筋量増加に成功している。

　彼はクライアントへの指導を通してデータを集積し検証し、彼が亡くなる直前までHDTを常にカスタマイズさせていったのだ。HDTが概念だけが一人歩きしているようなアプローチでは無いって事はわかってもらえただろうか？

　ドリアン・イエーツのMRオリンピアでの活躍もあり、HDTは再び脚光を浴び、実践者は急増した。いわゆるブームという奴だ、しかし、ここで大きな問題があったと僕は考える。あまりにも技法（やり方）に注目が集まったために、マイクが本当に伝えたかった、ウェイトトレーニングに対する態度（心がまえ）が殆ど紹介されなかった事。本当のHDTの効果を体感したいのなら、技法よりもむしろ、態度（ウェイトトレーニングに対する心がまえ）が重要なのだ。いや、こう言った方が正確かもしれない、ウェイトに立ち向かう強い精神力HEAVY DUTY

ヘビーデューティーの実践者ストロング安田氏（左）とドリアン・イエーツ

MINDを持ち、マイクが考案したHDTを行って初めて、最高の結果が期待できるのだ。
　アメリカで出版されたマイクの本には重要な部分として「こころ」のパワーを沢山のページを割いて紹介している。この本で、僕が皆さんに一番伝えたい事はこの部分、自分自身の「こころ」を理解することで、あなたのトレーニングは確実に変化するという事だ。この理論編ではマイクの残したHDTの概念の中でも特に「こころ」の部分、それが持つパワー、可能性を、より実践的な形で、僕なりに紹介していければと思っている。
　まずは、HDTとはどんなトレーニングなのか簡単に説明し、少し解説を加えようと思う。

ヘビーデューティートレーニング（HDT）とは

①アーサー・ジョーンズ博士（ノーチラスマシン開発者）の理論をベースにマイク・メンツァーが考案
②各種目に対して1セットのみ。そして高強度（高重量を扱うという訳ではない）である。
③全ての可動範囲で負荷が抜けないように、チーティング（反動動作）を使わず、正確なフォームでトレーニングを行う
③従来考えられているトレーニング頻度と比較すると非常に低い頻度（同一部位は週に1回（初心者）～2週に1回（上級者）
④etc

1セットオールアウト　HDTで最も象徴的な言葉

　たった1セットで、筋肉は肥大するの？という読者の声が聞こえてきそうだが、実際多くの大中小規模な実験結果があり、（アーサージョーンズ博士のノーチラス社が巨額の資金を投資して実際に実験を行った）ほとんどの被験者には大きな筋量の増加が認められている。ただし、従来の多セット法で行っていたようなやり方や強度で、上記の条件（各種目1セット）でトレーニングを行っても筋肉の発達はあまり期待できないだろう。

複数セット vs ワンセット

　単純に考えて、1セットしかしない場合と10セットする場合では、どちらが各セット限界に挑めそうだろうか？　イメージしてみてほしい。答えは簡単、もちろん1セットだ。
人間には意識のレベルと無意識のレベル（前意識を含む）があると精神分析の創始者Sフロイトが言ったように、毎回のセットで一生懸命頑張ろうと意識のレベルでどんなに考えていても、無意識のレベルでは10セットこなすという計算が働き、目的は筋肉を限界まで追い込むという事であったはずなのに、10セットをこなす事、10セットで限界に追い込む事が目的の中に含有されてしまうのだ。そのために、わざわざ強度を無意識的に弱くしてしまっているのだ。
　ここまで説明すれば「1セットでオールアウト」する方法が強度を極限にまで高めるには合理的だということは、もう理解できるはずだ。従来のトレーニング理論で言われる筋肉の発達には3セット必要であるとか、5セット必要であるというような説明には明確な根拠は無いっていう事実を、皆さんは知っていただろうか？この点について深く考えたり調べた事がある人は意外に少ないんじゃないだろうか？　1セットでオールアウトさせるやり方が複数セットよりも強度を高める事ができるという事がわかったところで、それに関連した筋肥大の基本原理を考えてみよう。

● 精神分析の創始者 S. フロイトについて

ジークムント・フロイト（1856〜1939）オーストリアの精神科医

フロイトは人間のこころは意識（自分でいつも意識している領域）と前意識（意識をそちらに向けると認知できる領域）そして、無意識（自分でも意識できない、自分も知らない領域）の層があると考えた。フロイトの考えた精神分析とは無意識の存在を前提とした、人間のこころを解き明かそうとする学問体系であり心理療法である。

筋肥大の基本原理

○筋肉を付けるという事

まず最初に、何故筋肉が付くのか？　という事を考えてみよう。そう聞かれると、すぐに答えられる人は少ないのではないだろうか？　何も難しく考える必要はない。人間は（当然全ての生物も環境適応する）環境に適応するから筋肉がつくと考えられる。例えば日差しの強い地域に住んでいる人は、日光に対して強い肌を持っている。そして、毎日肉体労働をするような人は、仕事に就いた数ヶ月はとても疲れて毎日がたいへんだけど、次第に体力がつき以前よりは楽になってくる。どちらも環境に対して適応したと考えられる。人間の身体は特定の要求が継続的に課されると、その環境に対応するために適応する。

そこで、ボディビルダーが筋肉を付けるという事は、どういった要求を身体に課せば良いのか考えてみよう。答えは簡単。筋肉の中でも、よりたくさんの速筋が必要とされる状況を作り出せば良い訳だ。筋肉は大きな分類で速筋（白筋／ FG、FOG）と遅筋（赤筋／ SO）に分ける事ができるが、それぞれには特性があって、速筋線維は単位時間内の筋出力が大きいけれど持久力は乏しく（短距離走をイメージ）、遅筋線維は筋出力が小さいけれど持久力に優れた特性を持っている（長距離走をイメージ）。速筋と遅筋をそれぞれに用いたトレーニングを比較した場合に、圧倒的に太くなりやすい性質を持つのは、速筋線維だから、筋肥大を目標とするなら速筋を刺激する必要があるのだ。

速筋が必要とされる状況とは？

ここで皆に再び質問。ウェイトトレーニングで筋肉を発達させるためには何セット必要だろうか？

3セット？　5セット？　20セット？　もう答えはわかっているはずだ。

多ければ多いほうが良いのでは？と今まで思っていた人もいるだろうけど、僕たちが欲しいのは速筋だから、たくさんのセットをこなす能力が必要なわけではなく、一時に動因される筋肉の稼働率が重要なはずだ。1セット40秒から72秒（いろいろな説はある）の範囲で限界に達するように重量を設定し、反復運動を行う。そして筋肉へ発達のシグナルを送るためには、毎回限界に挑むようなトレーニングでなければならない。

HDTは『1セットしかやらない』のではなく、まさに『1セットしかできない強度でトレーニングをする』ということ、つまり1セットが終了した時点で、筋肉は悲鳴を上げ、心臓は早鐘を打つように激しく鼓動し、もう1セットやる？　なんてトレーニングパートナーに聞かれたら、ぶん殴りたい気持ちになるって状態だ。そんなセットに挑むためにマイクは「ジムでのトレーニングは戦場に向かうかのような精神状態で挑む」と言っている。皆はジムに来る前に、またセットに入る前にどんな精神状態だろう？　マイクのいう精神状態のレベルに上げることができれば、必然的に集中力もピークになるだろう。

第1章：ヘビーデューティーマインド『理論編』

このような方法でトレーニングするなら一回のトレーニングに必要な時間は30分も必要は無い、同時に人間は高い集中力を保ち続けるには30分程度が限界だろうという説もあるように、とても合理的な考えではないだろうか？

　少しはHDTについて理解していただけただろうか？　次節からはHDTによって、皆さんの潜在能力を100％引き出すためのノウハウをより具合的に紹介していきたいと思っている。

第2節

ヘビーデューティーマインド理論編Ⅱ
潜在能力を最大限に開花させる

遺伝や素質という呪い

　トレーニングをする人達はどんな目的があってトレーニングを行ってるんだろうか？
健康になりたいから？それとも女の子にもてたいから？ちょっとだけ筋肉を付けたいんだっていう人もいるかもしれないけど、この本の読者ならきっと極限まで筋量を増やしたいっていう人が多いんじゃないだろうか？
誰だって、努力してるんだから結果が欲しい、だけどコンスタントに結果を残しているって実感している人はいったいどれくらいいるんだろうか？

　バーベルを始めて握ったばかりの頃は、毎回のワークアウトで筋力や筋量がどんどん増加して、この調子でいけばチャンピオンになる日も近いってイメージできていた人も、キャリアが増すにしたがって進歩の度合いが落ちてきたり、中にはもう何年も進歩なんてしていないよっていう人までいるだろう。

　周りを見渡すとどうだろう？　同じくらい努力しているように見えるジムのメンバーが、自分よりも筋肉が発達しているようだとか、キャリアが自分より短いにも関わらず、ずっと大きな筋肉を持っている奴がいるとか、そんな事ばかりが気になっている人も多いはず。そんな時に決まって出てくる言葉は「自分には彼らのような素質が無いんじゃないだろうか」つまり「遺伝的に僕は…」という心の声だ。確かに、遺伝や素質は各人の可能性を決める要因である事は否定できないだろう。例えばよく用いられる身体のタイプに「内胚葉・中胚葉・外胚葉」という3つの分類がある。内胚葉型の人は一般的に肥満傾向にあり、中胚葉型は筋肉質傾向で肩幅が広く四角い体型、外胚葉型は痩せ型の傾向で骨格が華奢であるとされている。これらの傾向は生まれつきであり、基本的には環境や運動で大きく変化する事はないとされている。

　その他筋肉の発達における遺伝や素質的な影響の因子としてあげられる代表的なものに骨格、筋肉の長さや幅、速筋・遅筋の割合や脂肪細胞の割合、神経系の発達レベルやホルモンのレベル、気質（個人が示す情動や感情反応の特徴）等数え上げたらきりがないほどだ。

　だけどちょっと待って！　もしも遺伝的に…という言葉を、あなたが筋肉が発達しない理由として採用するならば、意識のレベルと無意識のレベルであなたは100パーセントの努力を行わなくなるだろう。人間とは、努力に対する報酬や結果が予期できなければ、努力する事がとっても難しい生き物なのである。

　そして遺伝的に・・といった場合には、必ず誰か対象になる何かがあるはずだ、あなたは、誰かと比較して遺伝的に…という事を考えているわけだ。しかし、あなたが本当に目指すものは、自分自身の潜在能力を100パーセント引き出す事じゃないのだろうか？ボディビル競技は他者との比較によって行われるが、あなたはどんなに努力しようとも他の誰かではなく、あなた自身にしかなる事はできない。他の誰かの才能を妬むことなく、あなたが自分自身の究極の身体を目指した時に、進歩の妨げになっている、こころのブレーキは解除され、最大限に潜在能力は開花するだろう。

「実際僕の関わってきた多くのクライアントの中には内胚葉型のクライアントが明確な目標を持つ事で筋肉質の引き締まった身体になったり、外胚葉型の人が高強度のトレーニングと食事の改善によって5年間で30kgの増量に成功した例もある。確かに基本的な骨格は変えることはできないけれど、努力によって変化は確実に起こったのだ。」

ここでマイク・メンツァーの言葉を紹介しよう。
「アーノルドは預言者ではない、彼がトレーニングをはじめた頃は将来どんな身体になるかなんてわかっていなかった。私もトレーニングをはじめた頃は十分な情熱以外何も持たないペンシルバニアの細い少年だったんだ」

そう、あなたが最大限に潜在能力を発揮させた姿は誰も予想はできない。誰もがマイクやアーノルドのような肉体を手に入れる事はできないだろう、しかしあなたが100パーセント潜在能力を引き出す事ができたなら、あなた自身が、いや誰も予想できないほどの素晴らしく発達した肉体を手に入れる事が可能であるという事も事実なのだ。

クライアントAさんの例

Aさんは20代前半のボディビルダー、地方のボディビルコンテストに3年連続して予選落ちした。上記の事実を見て彼を素質がある選手だとは誰も思わないだろう。彼自身も自分の素質について思い悩んでいた。しかし僕と一緒に本格的にヘビーデューティートレーニング（以下HDTと表記）に取り組み、翌年地方コンテストで入賞。その2年後にはブロック大会（更にレベルの高いコンテスト）で準優勝という好成績を収めることになった。この時点で彼に素質が無いなんて言う人がいるだろうか？　そしてもちろん彼自身も素質が無いなんて考える事も無くなった。連続予選落ちしたAさんもブロック大会で準優勝したAさんも同じ人間なのに状況が変れば人の見方も、自分の考えも変化する。今やAさんはボディビルの才能に恵まれたAさんになったのだ。もしもAさんがHDTに取り組むことなく4年連続、5年連続予選落ちしていたらどうだっただろうか？　もしかすると彼は自分の中に秘められた潜在能力を開花する事無く、ボディビルを辞めていたかもしれない。

では、なぜ彼は変れたのだろうか？　HDTを一緒に取り組む事で、筋量が増えるという手ごたえを感じ、翌年にはその成果が実り地方コンテストで入賞。その結果、この方法なら「でかくなる」ということが確信となり、更にそれが大きなモチベーションを生み、その後更にレベルの高いコンテストで準優勝という結果をもたらしたのだ。

MRオリンピアを連覇したドリアン・イエーツ（HDTの実践者としても知られる）はどうだろうか？　彼はボディビルの開始時にウェイトに一切触れることなく3週間ウェイトトレーニングについてリサーチし知識を頭に詰め込んだのだ。そして自ら取り組むアプローチを「いくつかある方法の一つ」ではなく「確信的なアプローチに変え」短期間で世界の頂点に到達することを可能としたのだ。

Aさんとドリアン・イエーツに共通する点は何だろうか？　これだと思う方法を見出し、結果を得ることで確信に変え、素質や遺伝という言い訳は消し去った。そしてさらに大きな目標に全力でチャレンジできたのだ。

効きやすいという事と素質との
関連性を考える

次に素質を少し別の角度から考えてみよう。「腕が効きやすい」とか「脚があまり反応しない」とか言う人達がいるけど、そんなトレーニー達がほとんど口を揃えていう言葉も「僕は遺伝的に腕が発達しない」とか「遺

元ミスターオリンピア、ドリアン・イエーツ

第1章:ヘビーデューティーマインド『理論編』

伝的に私の脚は反応し難い」という言葉だ。しかし僕は原因がそれだけだとは考えないし、もっと大きな要因があると考える。その一つは脳に組み込まれている運動プログラムに原因があるとは考えられないだろうか？

本来運動動作はその人にとって効率の良いプログラムが長い年月をかけて学習され取り入れられていると考えられる。効率良く筋力を発揮するためには、できるだけ力をたくさんの部位に分散し、より多くの筋を動員したほうが有利なわけだ。しかしボディビルの場合それは大きな問題となる。例えば上腕二頭筋を鍛えようとバーベルカールを行う場合、効率を優先させるような動作がプログラムされていると、ターゲットの筋以外の肩や胸、上背部や脚の筋まで分散して運動を行う事になるわけだから、肝心の上腕二頭筋をオールアウトさせる事はとても難しくなるだろう。じゃあどうすれば、ターゲットの筋をオールアウトさせることができるだろうか？　答えは簡単。人間の脳はとても性能が良くって、あえて非効率的だと思われるプログラムも何度も繰り返し学習することでプログラムを書き換えることができるのだ。

次に少しイメージしてもらいたい。利き手と反対側の手（右利きの人なら左手）で字を書く事を思い浮かべて欲しい。両方の手は、脳から同じ距離に位置するのに同じように文字や絵を書く事はできない。それは何故か？　生まれてからずっと繰り返し繰り返し動作を利き手中心で行うことで、繊細な動作が可能になったわけだ。反対側の手だって同じように反復練習を行えばかなり細かな動作が可能になるよう短期間に学習できる（骨折して利き腕をギプス固定した時なんか、反対側の手でも箸が使えたり、字が書けるようになるように）。

これらをトレーニングに置き換えて考えれば、効き難い部位の動作「素振り」を、頻度を上げて（週に1度の頻度では少なすぎる。）目的にかなった動作（ここでは特定の筋に意識を集中し稼働率をあげる事）を繰り返す事で、かなりの改善が期待できるだろう。そうみんなが言っている素質や才能のある「効きやすい○○」「○○の反応が良い」という状態になるわけだ。

だけど一つだけ注意点がある。マズイ素振りは上達するどころか、やればやるほど下手になってしまう。筋肉の発達に効果的な運動動作のプログラムを獲得するためには一回一回の目的にかなった「素振り」が重要だ。

筋発達のために、効率的なフォーム獲得を目指した「素振り」練習の提案

１．ウォーミングアップの時間を利用して、エアロバイクやウォーキング、ランニング等の変わりに「素振り」を行う。（ここで言う素振りとは特に発達し難い種目での動作の反復練習）
２．フォームの獲得が目的だから、筋疲労をおこさない程度で行うこと。
３．頻度は週に２回〜３回以上が理想的と思われる。
（上記の方法をジムで多数のクライアントに採用した。そしてほとんどのクライアントに筋の反応の改善が現れた。）

ここでは遺伝や素質について、マイク・メンツァーの考えをもとに私論を含めて紹介したが、この記事を起点として、読者みんなが遺伝や素質について考える機会になればと願っている。

> 第3節
> # ヘビーデューティーマインド理論編Ⅲ
> # あなたの脳に目標達成プログラムを
> # インストールする

　人間の可能性は、人類が想像、認識しているよりも遥かに大きいといえる。もしも、あなたが自分自身の能力に確信を持ち、努力を続ける事さえできるなら、自ら到達できるとイメージできる状態よりも、遥かに高いレベルに到達できるだろう。(マイク・メンツァー)

あなたのやる気を駆り立てる目標とは

　前回に引き続き今回は、潜在能力を最大限に開花させるためのお話をしようと思う。それでは具体的にどのようにアプローチして行くかを解説して行こう。

　最近わかってきたことだが、人間の可能性は、僕らが想像、認識しているよりも遥かに大きいといえる。もしも、あなたが自分自身の能力に確信を持ち、努力を続ける事さえできれば、ほとんどの人達が自分自身で到達できるとイメージできる状態よりも、遥かに高いレベルに到達できるという事だ。しかし、この努力を続けることが難しいんだよって声が聞こえてきそうだ。ある意味人間は、目標と結果によって行動しているとも言える。

　僕はクライアントが始めてジムを訪れた時には、目標は何ですか？　どんなふうになりたいですか？　と必ず質問している。そんなクライアントの中にはとにかくデカイ身体になりたいとか、いつかはコンテストで優勝したいというような漠然と曖昧な目標を持っている人や、筋量を増やして、6パックの腹筋を手に入れて、マラソンにも挑戦したいっていうような沢山の目標を同時に持ってくる人もいる。どちらの場合も、目標に焦点が合わせ辛く、結局は何も手付かずで行動を起こせないパターンに陥るケースが多いだろう。また初心者にも関わらず、いきなりミスター日本のファイナリストが目標だとか、プロビルダーとして活躍するというような目標を持つ場合も、適切な目標設定だとは言えないだろう。

　大きな目標を持つ事は悪い事ではないが、リアルにイメージできない目標や、結果がほとんど期待できないような目標はあなたを本当にやる気にさせる事はない。大きな目標に挑む場合は段階的に目標設定をする必要があるという事を知って欲しい。そして何よりも、その目標は自分にとって魅力的なものでなければならない、あなたにとって魅力の無い目標だったら、情熱を傾けて努力しようなんて思うことは無い。

あなたの脳に目標達成プログラムをインストールする

　それでは筋量増加のための6つの問いに答えて欲しい。下記の質問をバカバカしいと思わないでちゃんと考えて書いて欲しい、この質問に答える事で、自らの能力に確信を持ち、努力を続ける事が可能になる目標達成プログラムがきっとあなたの脳に組み込まれるだろう。

Q１. 筋量増加という目的をあなたは何パーセント達成できるイメージがあるのか？

　目標達成イメージはとても重要だ。あまりに目標が高すぎて、達成イメージが低すぎる場合や、その反対に目標到達が容易すぎるような目標は、あなたのモチベーションを駆り立てる原動力にはなり得ないだろう。スポーツ心理学などの見解では、丁度良い目標レベルというのは、自分自身が達成可能なイメージが30％〜50％前後であり、その目標というのはもっと具体的にいえば、努力すればなんとかなるぞ、という感覚が持てるような目標が望ましいと言えるだろう。さぁあなたは何パーセントの達成可能イメージを持っている？

Q２. 筋量増加という目的を達成する事はあなたにとってどの様な意味があるのか？　どれほど重要なのか？

　これらを明確化することで、潜在意識にも、筋量増加はあなたにとって意味があり重要なイメージとして植え付けられ、行動、活動を促進させるだろう。そして脳は、あなたの夢を現実化するために、絶えず24時間休むことなくリサーチを続け、モチベーションの元になってくれるはずだ。こんな経験は無いだろうか？　偶然会いたいと思っていた人に出会えたり、偶然探していた本を見つけたり。これらは一見偶然とも思えるけれど、あなた自身が、その人物と会いたいと思っていたことや、その本に興味を持っていたという事が前提にあるはずだ。チャンスや出会いはいつでも目の前を通り過ぎている。あなたの目的があなたにとって重要である事が明確になればなるほど、あなたは目の前を通り過ぎようとするたくさんのチャンスに気づき、巡り合う可能性が大きくなるだろう。人間の脳はとても高性能のコンピューターのようなもので、あなたが目標に到達できるよう自動的に稼動してくれるのだ。

Q３. 筋量増加という目的を達成する事ができれば、あなたはどのように変わる？　あなたの周りの反応は？そしてあなた自身の心境はどう変わるだろうか？

　最近ではメンタルトレーニングやコーチングを受けるプロアスリートも増え、目標達成後のイメージワークをアスリートに行わせるケースも多く見られるようになってきが、まだまだ普及しているとは言えない。しかし多くの成功したアスリート達はこのようなプログラムを行ってきた事実から、間違いなく重要なプロセスであることはお解かり頂けるだろう。目標達成後のイメージを描く事によって、どのような効果が期待できるのか考えてみよう。ここではコンテスト優勝を目標にするビルダーＡさんを例に挙げてみよう。彼はパーソナルトレーナーを職業としているが、優勝後のビジョンがとても明確で、優勝というキャリアを生かし、更なる収益のアップを目標としている。彼には先輩のパーソナルトレーナーがいて、その先輩はコンテスト優勝という実績を生かして、既に以前よりもたくさんのクライアントを集める事に成功しているのだ。このような成功実績のモデルケースを身近に持ち、コンテスト優勝が将来的なビジョンにプラスの影響を与える場合はあなたのやる気を促進させる原動力になる事は間違いない。目標を達成したイメージが、あなたにとって有益であり、魅力的なものであれば、あなたのやる気を掻きたてる原動力となるだろう。

　しかし、次の例はどうだろうか？　同じようにコンテスト優勝を目標としているビルダーＢさん。彼の場合家族があり、周囲からコンテスト出場を反対されている。職場でもトレーニングに理解のある人は皆無、トレーニングが理由で職場の飲み会なども断ってばかりで、深く付き合いのある同僚もいない。もし優勝できたとしても誰も祝福してくれない状況。夢を実現する事が人生の最大の目標だったとしても、現実的には人間関係や、出世にも関係してくるかもしれない。このような状況はあなたのやる気を徐々に奪っていく要因になりかねない。しかしＢさんの場合でも、家族の理解を得られるように、トレーニング時間を合理的に短縮し、家族サービスにも努めることや、同僚の誘いにも、自分のできる限りの範囲でお付き合いをする事で、周囲の観方や関係性も大きく改善できるだろう。もしもあなたが、そしてあなたの目標達成が周囲から好意的に認められるも

第1章:ヘビーデューティーマインド『理論編』

のであれば、より強固なパワーを持つ事となるだろう。

Q４.筋量増加という目的は何キロ増加で達成した事になるのか？

　Ｑ４とＱ５はとても具体的な目標設定の作業になる。でかくなる、とかトップビルダー並にという曖昧な目標ではなく、実際に何キロ増量という数値目標を設定することが必要だ。何度も言うようだが曖昧なイメージでは、脳は本気になって目標達成のためには稼動してくれない。Ｃさんは筋量アップが目的で入会した現役ビルダーで、既にボディビル暦も１０年以上、ここ数年はコンテストに出場するも、同じ階級で同じような結果が続いている。僕がＣさんに最初にした質問は、「来年のコンテストで（コンテスト終了直後に来た）何キロで出場したいですか？」という質問だった。Ｃさんは少し考えた後、「できればもう一階級上で出たいんですけど…」という答えだった。僕はＣさんに、曖昧な目標ではなく、何キロ増量か目標をはっきり決めましょうと提案した。目標数値がはっきりすることで、やるべきことが明確化されるからだ。２ｋｇの筋肉量の増加を話し合いの結果目標値とし、まず今まで増量できなかった大きな原因だと考えられる栄養面の改善。（管理栄養士による食事指導や改善アドバイスを行った。Ｃさんの場合基本的に摂取エネルギーが少なすぎた。）トレーニングの全体的な見直し、使用重量の目標値、トレーニング頻度、休養やその他を見直す具体的な行動をスタートさせた。このようにただ漠然とバルクアップするのが目標というのではなく、２ｋｇの筋肉を増量するという目標を設定する事で、やるべきことはどんどん決まっていき、実行する事で確かな結果を生み出して行くのである。

Q５.筋量増加という目的をあなたはいつまでに達成したいのか？

　目標設定をして行く上で、期限設定もとても重要だ。いつかこうなりたいとか、頑張っていればいつかは…だろうのような曖昧な目標では、いつまでたっても目標到達のための具体的なアクションを起こす事は困難だろう。上記の目標数値設定と連動させて、期限設定を行えば、やるべきことが、いつまでに何をという感じで、より具体的になってくる。ビルダーＣさんに再び登場してもらおう。Ｃさんの場合２ｋｇの増量という目標を決めたので、１年間という期間でプランを考えた。Ｃさんの場合翌年６月のコンテストに向けて、減量期間を考えると最大９ヶ月間が増量期に当てることができたので、２ｋｇの筋量増加は現実的な数字だと思われた。更に各月の数値目標なども設定し、一つずつ小さな成功体験を積み重ねる事で、目標達成が可能であるというイメージも定着させることに成功した（毎月目標設定の達成度合いの検討を行い、その都度目標設定を上方修正、下方修正を行ってきた）。

　期間設定をする場合、何月何日までにという期限設定は必須であり、同時に期限が長い場合には、細かな目標（１ヶ月単位など）を立てる事が望ましいだろう。

Q６.筋量増加という目的をあなたから阻むものは何か？

　もしも、あなたの目的を阻むものがあるとするなら、ここではっきりさせたほうが良い。それは現実的に考えて仕方の無い事かもしれないし、あなたの思い込みかもしれないからだ（僕の知っている限り、思い込みのほうがかなり多いと思うのだが）。筋量増加を阻む要因を書き出して、それについての反証を書き、その結果どのように思考が適応したか見ていこう。

例１：トレーニング時間が確保できないと悩むビルダーＤさん
〇要因とそれに伴う感情
　トレーニングする時間が無く、こんな状態ならトレーニングを行っても無駄なのではないかと思う。とても

憂鬱。
↓
〇反証
毎日30分なら時間は作れる、
時間をやりくりすればなんとかなる
ジムまでの交通機関を考えてみる
短時間であったとしても無駄だという事にはならない。
↓
〇適応的思考
　確かに自由な時間は少ないが、30分なら時間をつくることができる。短時間で、どのように効果的にトレーニングを行うか考えていたら、いろいろアイデアが浮かび楽しみになってきた。そして、スケジュールを上手くやりくりしたり、交通機関を見直す事で、更に時間はつくることができそうだ。

例2：筋肉がつき難い体質だと悩むビルダーEさん）
〇要因とそれに伴う感情
　筋肉がつきにくい体質だ、こんな僕が頑張ったとしても良い結果は望めない気がする。そう思うとやる気なんて起こらない。
↓
〇反証
誰と比べてそう言えるのか？
100％の努力の結果なのか？
同じような環境や条件で検証された結果なのか？
↓
〇適応的思考
　トップビルダーやジムで急成長の選手を見てそう思っていた事に気づく。彼らと比べて自分の方が努力しているかと言えば、そうだとは言えないし、少なくとも同じレベルの努力をした上で彼らと比較するべきだ。環境やトレーニングの条件も様々だし、自分のできる範囲の中で頑張るだけだ。それに自分よりも発達の遅いビルダーもたくさんいるようだし、自分は筋肉がつき難い方でもないようだ。やる気もなんだか出てきた感じ。

　前記のように原因、要因、それに伴う感情を書き出し、それらに対して反証してみると、自分自身のとらえ方に変化が起こる（適応的思考）はずだ。事実は変わる事はないが、物事のとらえ方が変化すれば、あなたの心の中の事実に対してのイメージも変化するだろう。

　それでは6の質問まで答えた後で、もう一度、目標達成のイメージは何パーセントになったか確認して欲しい。ほんの数分の簡単なエクササイズで大きく変ったんじゃないだろうか？何度も言うが、目標と結果によって人間は行動をおこすのだ、目標達成イメージが大幅に改善された後では、あなたのやる気はかなり上がっているはずだ。
　筋肉を発達させるためには、自己のイメージが重要だという事が少しわかって頂けただろうか？　最後に伝えたい、もう一つの重要な部分をマイクの言葉を借りて紹介しよう。

「私がコンテストにチャレンジする中で最も楽しんでいる事は、優勝に関わるスリルよりも、準備に費やした月日や、肉体のみならず知的、感情、精神といった全ての面において自分自身の能力に磨きをかけるプロセスだった。実際のコンテストは一つの通過点に過ぎず、人生の目立ったピークに過ぎないこと。そしてそれは、ピークからピークへの旅であり、ゴール達成への内なるプロセスなのだ。そのプロセスは、あなたが楽しみを見出せるものでなくてはならない。そしてそれは人生を、もっと生きる価値のあるものへと変えてくれるものなのだ」

目標を設定した以上、結果を望むのは当然の事だ。しかしマイクのメッセージから、何かを成し遂げる上で最も大切な部分を僕達は忘れている事に気づかされる。確かに結果も大切だけれど目標に向かうプロセスこそが重要であり、そして何よりもそれは楽しくなくてはならないのである。

第4節

ヘビーデューティーマインド理論編Ⅳ
目標達成へのプロセスを明確にする

「何処に向かいたいのかを明確にしなければ、何処にも辿り着く事ができないということを学ばなければならない。ミスターオリンピアで勝つという目標は、トレーニングの質を向上させる事ができるし、強力な刺激剤となるのだ。意味というものが意志やバイタリティーを刺激し、そしてオリンピアンに人間を超えた、秘められた力を与えてくれるのだ。情熱や意味を持つものにとって達成すべき上限などは無い。ミスターオリンピアのタイトルに向かう意志に何も欠けるものが無ければ、達成欲が尽きる事はない（マイク・メンツァー）」

目標設定

　あなたが潜在能力を十分に発揮するためにはどうすればいいんだろうか？そのためにはまず、自らの力を信頼することが必要だ。多くの人々は、何か目標に挑む時、片方でアクセルを踏みながら、ブレーキも同時に踏んでいるという矛盾に満ちた行動を常にとっている。
例えば、あるボディビル選手がいるとする。彼は日本選手権で活躍するような選手になるという目標をイメージする一方で、自分にはトップ選手達のような才能が無いのではないか？であるとか、果たしてこの方法で目的は達成できるのか？という迷いのイメージも持っている。迷いは徐々に彼の『やる気』のエネルギーを奪って行き、遂には目標を諦めさせる大きな要因となるだろう。
　ではこのブレーキを外すためにはどうすれば良いのだろうか？他のスポーツ分野ではトップアスリート達が日々取り組んでいるメンタルトレーニングというものがあるが、その中でも目標設定が最も有効ではないかと僕は考える。目標設定を行う事で、目標やそれに対する課題が明確になり、それら一つ一つをクリアする事で、自己信頼感を高め、ブレーキを踏む事無くアクセル全開で突き進む事ができるだろう。

○メンタルトレーニングとは
　旧ソビエトが１９５０年頃から宇宙計画の一環として開始し、1957年頃にはスポーツでの応用が始まっている。国家プロジェクトでの研究であり、巨額の費用と人間が実験には使われていることからも、科学的に効果の実証されたものであると言えるだろう。心理テクニックを使い、プログラム化されたトレーニングを行う事でメンタル面を強化する事を目的に行われる。

○目標設定について少し解説しよう。
　目標設定はまず長期目標と中期目標、短期目標に分かれるのが一般的だ。（長期と短期の設定もある）長期目標では、あなたが将来的にこうなりたいと思う目標を書き込んでみよう。夢のような目標でも別にかまわないが、前回にも書いた通り、頑張ればなんとかなるかもしれないとイメージできる目標が丁度良いだろう。しかし、この目標がいくらリアルにイメージできたとしても達成するまでに時間のかかる物、特に大きな課題の場

合、ゴールが遠すぎて目標に焦点を合わせ難くなってしまう。(特にボディビルという競技を考えた時に、筋量を獲得するための時間が必要になるし、大きなコンテストを目指す場合には、地方選手権を勝ち抜き、上位のコンテストに挑まなければならない) そういう場合には、その目標に到達するまでに必要な、クリアしなければならない課題や段階を、中期目標として設定すれば良いだろう。いろいろな方法はあるけれど、1～12ヶ月 (目標の達成期間にもよる) くらいで達成できる目標が中期目標として適当ではないだろうか？(例えば、あなたがコンテストを初めて経験するビルダーで、日本クラス別選手権を目指す選手であれば、中期の目標として、地方選手権の入賞、そして次の段階で、表彰台、そして優勝という中期目標の設定ができる) 中期目標をいくつか設定したら、一旦長期目標は置いておいて、一番近い中期目標に焦点を合わせよう。例えばここでは、一番近い中期目標を地方選手権のクラス別入賞に設定したとする。そうするとその目標に到達するための課題がはっきり見えてくるはずだ。例えば、前年度の入賞者の顔ぶれを確認する事も出来るし、その選手達が、どういったレベルでトレーニングに取り組んでいるかも確認はできるはずだ。このように、ただの目標が、どんどん目に見えるリアルなものになっていくと、自分に何が足りていて、何が足りていないのかがはっきりと浮かび上がってくるだろう。そういった課題を書き出し、クリアすることで、目標達成の確立は上がって行き、あなた自身も成長して行くのだ。その課題に対して、もう少し目標を細かく設定し、短期の目標として設定する。ひとつひとつの小さな課題をクリアする事で中期の目標に到達できるはずだ。

簡単な目標設定の例

○クライアントAさんとの会話から
ク「腕を太くしたいんですが」
僕「どれくらい太くしたい？」
ク「う～んX選手ぐらいですけど、無理ですよね」
僕「X選手は45cmぐらいかな？」
ク「やっぱり無理ですよね」
僕「今Aさんは何センチあるの？」
ク「36cmぐらいですか…」
僕「じゃあ40cmになる事はイメージできそうかな？」
ク「40cmぐらいなら、頑張ればなりそうですね」
僕「じゃあ、仮に今40cmになったとして、45cmになれるかイメージしてみてくれるかな？」
ク「そりゃ40cmあったら45cmはイメージできますよ」
僕「じゃあ中間目標は40cmでいこう！」
ク「あっなるほど、そういうことか（笑）」

　目標が遠くに感じられる時は焦点が合わず、リアルな目標になり得ない。だけど、中期目標を設定する事で、ゴールまでのイメージを瞬時に作る事ができた好例だ。
以前読んだ本の中に、人間の心理状態を上手く描写したこんな事が書かれていた。
　あまりにも遠くにかけ離れた目標は、高い空で輝く星のようにどんなに綺麗でも手を伸ばして手に取ろうという努力はしない、そしてあまりにも近くにあって、いつでも手に入れられる物に対しても、人間は大きな興味を抱かないものだ。

第1章:ヘビーデューティーマインド『理論編』

具体的な目標設定を行おう

STEP 1：目標を明確にする

　あなたがその潜在能力を開花させ目標を達成するためには、明確な目的地（目標）が必要となる。アクセル全開フルスロットルで目標めがけて突っ走るためには、どちらの方向に走って行けばゴールに到達できるのかを知る事が最低限必要だろう。例えばボディビル競技でいうところの目標地点とは、どの競技会に出場し、どのような結果を望むのかに焦点を定める事だ。ここでの目標は、頑張ればなんとかなるかもしれないというレベルが良いだろう。

○あなたの目標（長期目標）を書いてみよう。
「　　　　　　　　　　　　　　　　　　　」

STEP 2：長期目標に対するアプローチ

　次に、この目標地点には、仮に全力で突き進んだとして、果たして確実に到達できるのか？という問題が出てくるだろう。時間的な問題だ。仮にあなたの目標が間近（期間的に）であるとして、100％の努力を費やしても時間的に間に合わず、結果が得られる可能性がかなり低いと思われるのなら、再考する必要がある。希望的な観測などを捨て、現実的な目標設定期間を考えなければならない。仮に目標到達が当初よりも遠い未来になったとしてもである。リアルにイメージされる目標はあなたのモチベーションを高め、今まで以上に目標にフォーカスする力を与えてくれる。

○あなたの目標（ゴール）達成は何年何月何日？
「　　　年　　　月　　　日」　（ここでは最終的なゴールの日付を記入する）

STEP 3：中期目標に対するアプローチ

　長期目標が達成までに時間がかかると予測される場合には、まず中期的な目標を立てることをお勧めする。まず、最も間近の中期目標として、今シーズンのコンテストで、なんとか頑張れば到達できるかもしれないというイメージが持てる目標を立て、それに向けて今の自分に何が出来ていて、何が足りないのかを検討していく事が必要だ。一つ一つ検討していく事で、目標達成の確立は上がっていくだろう。

　例えば、日本クラス別選手権での優勝が最終目標であるとすれば、地方クラス別選手権入賞→地方クラス別選手権表彰台→地方クラス別選手権優勝→ブロッククラス別選手権表彰台→ブロッククラス別選手権優勝→日本クラス別選手権入賞→日本クラス別選手権入賞→日本クラス別選手権表彰台→→日本クラス別選手権優勝というように一つ一つの中間目標と達成目標の年月日を記述してゆこう。

○あなたの中期目標は？　そして各目標は何年何月何日に達成することが目標か？
中期目標1「　　　　　　　　」達成年月日「　　　年　　　月　　　日」
中期目標2「　　　　　　　　」達成年月日「　　　年　　　月　　　日」
中期目標3「　　　　　　　　」達成年月日「　　　年　　　月　　　日」
中期目標4「　　　　　　　　」達成年月日「　　　年　　　月　　　日」
中期目標5「　　　　　　　　」達成年月日「　　　年　　　月　　　日」
（目標の項目は必要に応じて増減しても良い）

STEP 4：短期目標に対するアプローチ

　中期目標を立て、自分に足りないものが明確になれば、更に期間を細かく分けて、目標を設定しよう。例えば、トレーニングの重量や、身体の各部位のサイズの目標値を付けてみてはどうだろうか？目標を設定すれば、課題がより明確になってくる。マイクも毎回のトレーニング記録を詳細に付けていた。（使用重量、セット、レップ等）人間の記憶は不確かなものであるから、面倒でも毎回記録を付ける事をお勧めする。強度を効率良く上げていくためには記録が最高のツールになるのである。それに加え、例えば1ヶ月単位で、コンテストオンシーズンであってもオフシーズンであっても体脂肪率、除脂肪体重やトレーニングでの使用重量の目標値を定める事は有効な手段である。そしてフィジカルコンディション（身体的なコンディション）メンタルコンディション（心理的なコンディション）を書き加えておくと、次回のトレーニングの参考になるだろう。

○あなたの最も近い中期目標に対しての短期目標は？

短期目標1「　　　　　　　　　」達成年月日は何年何月何日？「　　年　　月　　日」
短期目標2「　　　　　　　　　」達成年月日は何年何月何日？「　　年　　月　　日」
短期目標3「　　　　　　　　　」達成年月日は何年何月何日？「　　年　　月　　日」
短期目標4「　　　　　　　　　」達成年月日は何年何月何日？「　　年　　月　　日」
短期目標5「　　　　　　　　　」達成年月日は何年何月何日？「　　年　　月　　日」

（目標の項目は必要に応じて増減しても良い）

STEP5：目標の上方下方修正

　目標は立てたものの、計画通り達成できるとは限らない。もちろん100％努力をしたとしても、時には叶わない事もあるだろう。こういう場合は目標を速やかに修正する事だ。結果を受け入れ、何故達成できなかったかを検討し、次の目標を立てれば良いだけだ。そして同時に、結果のみを受けて全て駄目だったと認識するのではなく、自分が目標に向けて達成できた事と、達成できなかった事を冷静に分析する能力が必要となる。例えコンテストで思ったような結果が出なかったとしても、それは対外的な評価であり、あなた自身は進歩しているかもしれないのである。

　またその反対に、予想を上回る結果が得られることもあるだろう。そういう場合も同様に目標設定の上方修正を行う。目標設定は面倒な作業のようにも思えるかもしれないが、非常に有効な手段だ。目標達成の状況を見ながら随時変更して欲しい。

STEP6：目標達成への保障、確信

　綿密に立てられた目標設定は、あなたの行動やプロセス全てに意味を持たせる事になる。それに加えどんな目標であっても、それらの達成を保障し、確信に変えていくために、理論や知識や経験というものが役に立つ。これらを積んでいく事により、あなたのアイデアはより深く柔軟なものに成長してゆくだろう。

　人間というものは到達できるかどうか保障の少ないものに、全力で努力する事が非常に難しいものだ。もし本気でゴールを目指すのなら、きっと頑張ればゴールに辿り着くだろうでは強固な動機付けにはなり得ない。

　これだけ準備が全て完璧ならば、あとはゴールを目指すだけ、その先には必ずゴールに辿り付くことができるんだというイメージを、リアルに持つことが重要なのである。

　人間には「こころ」がある、この「こころ」が人間の行動を決定している事は間違いない。車に置き換えるとすれば「こころ」→「ドライバー」で「身体」→「車体」と言えるだろう。車はドライバーの意志が無けれ

ば前に進む事も右にも左にも曲がらない。もしもあなた自身に、何事にも変えることが出来ないような人生の目標や目的があるのなら、ゴールに向かわせるのは、あなたの「こころ」であり、何かにチャレンジしたい時に、あなたにアクセルを踏ませるものは、あなた自身のやる気や情熱なのである。この人生において、あなた自身がハンドルとアクセルとブレーキを握っている。自分の潜在能力を最大限に発揮するも、しないもあなた次第なのではないだろうか？

第5節

ヘビーデューティーマインド理論編Ⅴ
勝者の特性や傾向とは

　ピラミッドの頂点にいるミスターオリンピアは成功や失敗を恐れたりはしない。何故なら彼は自分自身が動機の原動力であることを学んでいるからだ。（マイク・メンツァー）

　成功者たちの体験談を聞く事や、彼らの伝記を読んだり、多くのクライアントを見ていく中で、成功する人たちと失敗する人たちの特性や傾向を見出す事はできる。目標が高く大きなものとなり、達成が困難になればなるほどに、決意や志は強く大きくなるだろう。頂点に向かえば向かうほどに周りの選手たちのフィジカルやメンタルのレベルは必然的に高いものとなってゆく。

　そんな中で頂点を目指して行くのであれば、成功者たちの特性や傾向について学ぶ事は、あなたが道に迷ったり、前に進めなくならないためにも、知っておいたほうが良いとは思わないだろうか？　マイク・メンツァーの著書の中で「これらがオリンピアン」というタイトルで、その特性や傾向を紹介した章がある、僕の見解を含めてそれらを紹介してみよう。

オリンピアンは上限を超越する

　わたしたちの多くは、過去の記録（先人たちの使用重量や身体的なサイズなど）や自分の能力（自分自身が認識している素質など）と照らし合わせることで、頑張ってもこれくらいが自分の限界だろうという感覚を、意識的にも無意識的にも持っている。しかし成功者たちは、上限を超越する事が得意であった。彼らは上限というものは単に現在の自分が目標とするレベルに過ぎず、それは一時的なものであり、到達すれば、更に上限は高いレベルに上がっていくことを知っているのだ。つまり上限とは常に変化して行くものであり、その先の限界というものは個人が認識しているよりも更に高いレベルであり、常に上限を乗り越えようと努力し続け達成し、更なる上限を目指す事で人間が潜在的に持つ無限の可能性を開発することが可能になる。成功者たちは現状で良しとせず、常に進化を求め更なる向上を目指すのである。彼らにはこのような志向性があるので、より目的を深めていく能力を持つのである。

オリンピアンはポジティブ（積極的思考・プラス思考）に焦点をあてる

　普段わたしたちは、自分のミスや欠点、ボディビルで例えるならば身体的弱点などは悪いものとして捉えるのではないだろうか？しかし成功者たちはそれらを避けられない挑戦として捉える。現時点での弱点を克服するために努力を費やす事により、改善され、より完璧なフィジークへと近づいてゆけると考えるのだ。しかし多くのビルダー達はどうだろうか？彼らは素質や遺伝や運命という言葉を持ち出し、努力を放棄し進化をあきらめる。

僕のクライアントのコンテストビルダーＡさんは、トレーニングが数ヶ月間は満足に出来ないほどの大きな怪我を脚に負ってしまった。今期のコンテスト出場は絶望的。さぞかし落ち込んでいるのではと思ったが、そんな心配は必要なかった。

僕：脚の怪我はどんな状態？
Ａさん：思ったよりも完治するまでに時間がかかるみたいですね。脚のトレーニングはしばらくできません。
僕：そうなんだ、怪我については自分ではどう受け止めているの？
Ａさん：怪我は後悔しても治りませんから（笑）それよりも今しか出来ないことを試せないかなと。
僕：どんなこと？
Ａさん：上半身しかトレーニングができないので、回復のサイクルが全身トレーニングしている時よりも、もしかしたら早められるかもしれませんよね、だから身体の回復の様子を見ながらトレーニングの頻度を上げてみることも出来るかなと思うんですよ。それから、時間にも余裕ができるんで、普段できないフォーム練習なんかもやろうと思っています。
　彼は状況を受け入れ、今だからこそ出来ることに焦点をあて、更にプラスの面も見出した。
　同じ状況でも次のように考える人もいるのではないだろうか？架空の人物Ｂさんに登場してもらおう。

僕：脚の怪我はどんな状態？
Ｂさん：思ったよりも完治するまでに時間がかかるみたいですね。脚のトレーニングはしばらくできません。
僕：そうなんだ、怪我については自分ではどう受け止めているの？
Ｂさん：本当についてない…今期は絶望的だし、そう思うと何もかもやる気が出なくて、上半身はできるけど、コンテストにも出場できないのならと思うと、なんだか気が乗らなくって…

　同じ状況にあっても彼のようにネガティブな思考（消極的思考・悲観的思考・マイナス思考）が支配すると、やる気は失われ、悲観的な感情が支配してしまう。
　マイクは次のように言っている。「自分の考えや姿勢をポジティブに持っていく能力は、生まれついてのものではない、オリンピアの選手達が訓練して得るものなのだ。トップチャンピオンは実際、自分を成功に導く態度を作り上げるのだ。自分自身、考えや態度を見直す事を学び、そして何かネガティブなものと思えた時には、それを一度自分の心の中に沈めてしまい、ポジティブなものを作り上げようとするのだ。研究ではネガティブな考えは、更にネガティブな考えを増長させるということがわかっている。当然ポジティブな考えはポジティブな考えを増長させる。ポジティブを司るニューロン（神経細胞）は、もっともっとポジティブなニューロンを作り出す力をもっている。このポジティブな考えが続けば、その連鎖がおこり、身体を作る上ではポジティブな考えは重要な道具となるだろう。」
　個人の性格や気質は、遺伝や環境によるものも大きいとも思うが、マイクはポジティブシンキングは訓練によっても開発されると言っている。この部分は僕も賛成だ。そしてポジティブシンキングの有用性が述べられてもいるが、僕はこうも考える。なにがなんでもポジティブに物事を考えようとする必要は無い。もしも無理に感情を抑圧しネガティブな思考をポジティブな思考へ変換したとしても、あなたの無意識の領域ではネガティブな思考が影のように付きまとうだろう。怪我をしたというマイナスの部分（ネガティブな部分）も受け入れながら、今だからこそ出来ること（ポジティブな部分）を考えるＡさんのような思考の傾向こそが、頂点を目指す競技者には求められるものではないだろうか？

オリンピアンはゴールを設定する

　もしも何かを成し遂げたいと思うのなら、そしてあなたがボディビルダーならば、コンテストの優勝のような具体的な目標の設定が必要だ。そしてそれが自分自身の情熱を全て注ぐに値するものであり、目標達成を明確にイメージできるものであれば、チャンピオンになるために必要な強度でトレーニングをするためのメンタル面での準備が成されるだろう。ゴールの設定に加え、ゴールに到達するまでのいくつかの中期や短期目標を設けることにより、あなたのやるべき事は明確化され、それらを達成することで、着実にゴールへ近づいている感覚を強く感じる事ができるだろう。具体的な目標設定の方法に関しては前回を参考にして欲しい。

オリンピアンは成功を受け入れる

　勝者になるということは、とても魅力的なことである。だからこそボディビルダーたちは目の前に立ちはだかる、どんな困難や障害にもうち勝つことができるのだ。コンテストのレベルが上がるほどに、その戦いは激しさを増し、周りを見ればあなたと同等、もしくは更に逞しい肉体を持った猛者たちに取り囲まれる。そんな中であなたが生き抜き、更に前進して行くためには、「絶対に勝つんだ」という強い信念が不可欠となるだろう。そしてそれと同時に、客観的にあなた自身を評価する能力が重要となってくる。ボディビルの世界をピラミッドで現すのなら、底辺の部分（あなたがボディビルを始めた頃）には、たくさんのビルダーがおり、あなたは段階を一つずつクリアしてゆき、今の段階にいるわけだ。（頂点に近づけば近づくほどに人数は少なくなる）あなたは自分が今戦っているステージの敵を見て、もしかしたら「自分には彼らのような才能がないのかも‥」と思うかもしれないが、あなたが既に戦い、勝ち抜いていきた段階に、多くのビルダーが存在しているのもまた事実なのだ。（あなたよりも優れたビルダーが存在するように、あなたよりも低いステージのビルダーも存在する）自分が今いるステージ（段階）を客観的に見る事で、あなた自身が成し遂げてきた成果を確認し受け入れる事が出来るだろう。そういった自分自身の能力の正当な評価こそが、更にレベルの高いピラミッドの頂点での戦いに、あなたの気持ちを向かわせるのだ。

　ボディビルのコンテストでは優勝を目指し、毎年たくさんの選手が１年間あるいはもっと長

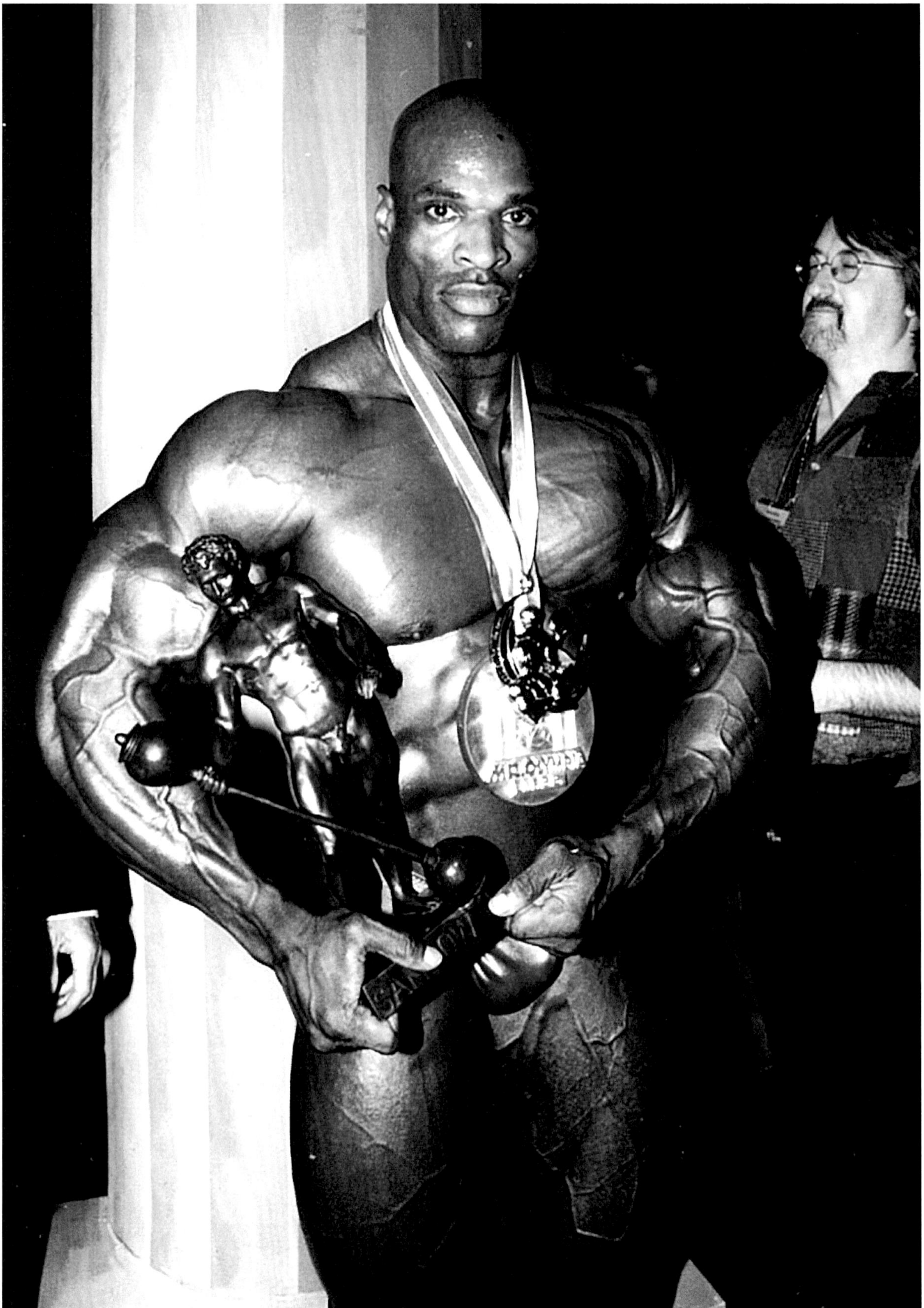

い年月をかけて造り上げた肉体を競い合う。だけども勝者は一人しか存在しない。２位以下は記録上敗者となるわけだ。もしもあなたが他者の評価をより所とし、優勝する事以外は意味が無いとするタイプの人ならば、あなたは努力に対する結果は得られなかったという事になる。別のタイプの人達はどうだろうか？彼らは他者の評価は関係なく、自分自身がどのように進化できたかを評価の中心に置くので、順位や対外的な結果は二次的なものである。彼らは自己の成長を的確に分析し、自己の成長部分を肯定的に受け取り、次のチャレンジに向けての課題を明確化するだろう。同じ経験をしたとしても、物事のとらえ方に違いがあれば、前述のように全く違った個人の経験として体験されるわけだ。優勝という結果が得られなかったとしても、何も進歩が得られなかったという訳ではないのである。言うまでも無く、多くのチャンピオンたちは後者のタイプの人達なのだ。

　マイクは次のように述べている。

「ピラミッドの頂点にいるミスターオリンピアは成功や失敗を恐れたりしない。なぜなら彼は、自分自身が動機の原動力であることを学んでいるからだ。自分自身と戦う事や、何か歴史といった抽象的なことと戦う術を身に付けているのだ。オリンピアンにとっての成功は勝ち負けなどによるものではなく、ましてコンテストに勝つ事での名声やトロフィーやお金等ではない。自分自身の自己評価を支えるためには、オリンピアンは自己実現者でなければならない。自己実現者とは内部のモチベーションに支えられているのだ。自分自身の内部を支配する欲求は、自己の能力や優勢な力をあらわす事で、成功に付きまとう日常の不安や、プレッシャーに対する免疫となるのだ」

オリンピアンは心の中で視覚化をおこなう

　人間の脳は、詳細に視覚イメージされたものは、実際に体験されたものと区別することができないようだ。多くのオリンピックレベルのスポーツ選手たちはこの視覚イメージを使ったメンタルトレーニングを行なっている。例えばフォーム練習などは、この視覚イメージを活用すれば、場所や時間を問わずいつでも行なう事ができ、実際に効果も上げることができるだろう。マイクも現役時代に視覚イメージをよく行なっていたようだ。夜ベッドに横たわった際に、天井をスクリーンに見立て、翌日のトレーニングをイメージ化し映し出す。それは本当に詳細な部分までも行なっていたようで、各セット、各レップで如何に高重量を乗り越えていくのかまでもイメージしたようだ。（マイクのように寝る前にこれをやってしまうと、神経が高ぶり眠れなくなるかもしれないので、集中できる別の時間をとった方が良いだろう。）マイクは続けて、コンテストの前には自分が会場へ入場し優勝者としてコールされる瞬間までも詳細にイメージしたという。このようなイメージ化も効果的だということがメンタルトレーニングの世界でも様々な分野のアスリートたちが行なった結果として実証されているが、よりリアルな優勝のイメージを視覚化することにより、意識と無意識の両方の領域で、『うち勝つ力』をより強固なものにする事は間違いないであろう。

　多くの成功者たちは、このような作業をほぼ直感的に行なっているというが、こういった能力は努力しだいで引き出す事がいくらでもできるのだ。１日数分から数十分で、あなたの可能性が大きく広がるならば、やってみない手はないだろう。

　以上、マイクの考えをもとに僕の見解を含め、勝者の特性や傾向について述べた。あなたの中に既にある勝者の特性と傾向、そして欠けているものを見出す事はできただろうか？　それらを改善する事ができたなら、あなたにもチャンピオンマインドが備わった事となる。

第6節
ヘビーデューティーマインド理論編Ⅵ
超越者になる者

「ただのボディビルダーになってはならない。あなたが成り得る、最も偉大なボディビルダーになるのだ」
（マイク・メンツァー）

　あなたがもしコンテストビルダーならば、そして大きな筋肉を身に付けようと思うのならば、鉄の塊と日々格闘しなければならない。そんな中で格闘に勝ち抜いたものだけが、人々から賞賛を浴びる筋肉の鎧を身にまとう事を許されるのだ。勝者と敗者には一体どれほどの差があり、どんな違いがあるというのだろうか？　前回までの記事の中で僕は、潜在能力を開花させるということ、目標達成プログラムを自分自身にインストールすること、その目標達成へのプロセスを明確にする作業、そしてオリンピアン達の特性や傾向について書いてきた。今回はこれら全てに繋がると思われること、僕が学んでいる人間性心理学の角度から、如何に普通の人たちが、超越者つまり自己実現者になり、筋肉の鎧を身にまとう事ができるのかについて考えていきたい。

『マイクの思想に影響を与えた心理学の新しい波』

　1950年代から60年代、マイク・メンツァーがボディビル界で活躍を始める少し前、この時代に台頭してきた第3勢力の心理学（アブラハム・マズローの呼びかけのもと1964年人間性・実存心理学を設立）があった。それは 人間性心理学 humanistic psychology と呼ばれ、それまで主流であった、人間は無意識に支配されるという考えを基本概念とする精神分析学派や、外的環境に支配されるとする行動主義学派（科学的心理学とは行動の科学であり，刺激と反応関係における法則性の解明であるとする立場）とは異なり、人間は自由な意志を持つ主体的な存在として捉える立場であった。この時代の前後に心理学を学んでいたマイクが、勢いを見せる人間性心理学に深く影響を受けた事は間違いなく、（特に前回の記事で参考にした、これらがオリンピアン）彼の残した文章を読み込む事で、それらは明らかであると僕は考える。

『健康な人々を対象とした研究から生まれた心理学』

　ここではその人間性心理学を代表する二人、アブラハム・マズロー（Abraham Harold Maslow, 1908年4月1日〜1970年6月8日）とカール・ロジャーズ（Carl Ransom Rogers, 1902年1月8日〜1987年2月4日）の、超越者そして自己実現者についての見解はどのようなものだったのかを解説し、超越者になるためのプロセスを考えてみたい。
まずこの新しい心理学の波は、それ以前の心理学派が進めてきた病理を持った人々のこころを研究対象の中心としたものとは異なり、健康な人間を研究対象の軸としたものだったのである。健康な人々を対象にすることで、数多くの人間の潜在能力を開花させるためのアイデアや発見が生まれたのだ。
○自己実現 self-actualization ; self-realization とは

第1章：ヘビーデューティーマインド『理論編』

個人のなかに存在するあらゆる可能性を自律的に実現し，本来の自分自身に向かうことをさす。
○アブラハム・マズローの考える自己実現
　自らの内にある可能性を実現して自分の使命を達成し，人格内の一致・統合を目指すことをさす。より健康な人間は，成長欲求により自己実現に向かうように動機づけられていると考えた。
○カールロジャーズの考える自己実現
　自己を受容して防衛性から解放され，より大きな自律性や統合性に向けて心理的に成熟していくことを意味する。彼の理論は，自己実現を有機体（生活機能をもち，動植物体を構成している物質からなる組織体。生物の事）の基本的な動因と考えている。

アブラハム・マズローが考えた超越者、自己実現者とは

　マズローと言えば有名なのは欲求階層説 need-hierarchy theory。ご存知の読者もいるだろうが，少し解説してみよう。
　人間は様々な欲求を持つ。アブラハム．マズローは，人間は自己実現に向かって絶えず成長していく生きものであるとの人間観に立ち，人間の欲求を低次から高次の順序で分類し，人間は低次の欲求が充足される事で，より高次の欲求を充足させようとすると仮説を立てた。第一層から第四層までは欠乏欲求（生理的欲求・安全の欲求・所属と愛の欲求・承認の欲求）と名づけられ，上位の欲求は下位の欲求がたとえ部分的にせよ満たされてはじめて発生すると考えた。

アブラハム・マズロー

そして欠乏欲求がすべて充足されると最高層にある自己実現欲求が生じるというわけだ。自己実現欲求は自己成長や創造活動と関連した最も人間らしい欲求であるとされている。しかし，この欲求を完全に達成できる人はごく限られているため，むしろ，自己実現を追求する志向性が有るか無いかの方が重要視されているようだ。（欲求階層図を参照）
　マズローが言うように、低次の欲求が部分的にせよ満たされない限り、高次の欲求は湧き起こりにくい。つまり人間は生命を維持するために必要とされる基本的欲求など（生理的欲求）が、何よりも最優先されるわけだ、そして次に何ものにも脅かされる事無く、安心して安定した安全の欲求を充足しようとする。それが満たされると集団に所属したり、愛情を得たいという、所属と愛の欲求が求められる。次に承認の欲求だが、人間は２種類の承認の欲求を持つとされている。一つは低い承認欲求で他者からの承認（名声・表彰・受容・注目・地位・評判・理解などの概念を含む）である。そして高い承認欲求は自尊心（自信・能力・熟練・有能・達成・自立・自由などの欲求）である。低い承認欲求に留まる事無く、高い承認欲求に向かう事が良いとマズローは考えた。人間は他者から独立した個人と認められ尊敬された存在となることを望むのだが、他者からの評価よりも自尊心を重視したのだ。
　これらの欠乏欲求が充足されることで、やっと最上位に位置する自己実現の欲求がおこるのだ。これらを具体的な例を挙げてお話すると、生きるか死ぬかの状態では、まず生きるということが最優先になるわけであり、高次の欲求は沸き起こらないだろう、そして安定や安全を欠いた状態（生活）では、とてもトレーニングやコンテストどころではないのである。まずこのような基本的欲求が満たされた上で、コンテストでビッグタイトルを獲得する（自己実現）という究極の目標に邁進する事ができるのではないだろうか？このようにしっかりと生きていくための基盤を整える事もチャンピオンになるための大切な作業なのである。人生を全てボディビ

ルディングに捧げるというビルダーもたくさんいるだろう。しかし、より高次の欲求はこういった低次の欲求を満たす事により、あなたに情熱を与えるものとなるのである。

マズローが考える自己実現者の特徴

　マズローが言う自己実現欲求を達成した人達の特徴はどのようなものだろうか？前号で紹介したマイク・メンツァーの「これらがオリンピアン」と比較しても面白いだろう。
①現実を的確に捉え、不確かさに耐える事ができる。
②自分や他人をあるがままに受け入れる。
③考えや行動が自然で自由である。
④自己中心的であるよりは問題中心である。
⑤ユーモアがある。
⑥非常に創造的である。
⑦無理に型を破ろうという訳では無いが、文化的になることに逆らう。
⑧人類の幸福に関心を持つ
⑨人生における根本的な諸経験について深い理解を持つことができる。
⑩多くの人とではなく、少数の人と深い満足的な人間関係を形成する。
⑪人生を客観的な見地から見ることができる。

　このようなマズローが言う自己実現者は目標達成過程にいる人々ではなく、頂点（ゴール）にまで到達した人々のことを指す。チャンピオンを目指すボディビルダー達は、上記の自己実現者のステージにいるのではなく、一歩手前の欠乏欲求を満たした人達のステージ、自己実現を目指す過程の人間というわけだ。

　そしてさらにマズローは晩年に、自己実現者のさらに上の段階があり、それを自己超越の段階、そしてそのステージにいる人を自己超越者と呼んだ。（マズローによると、このレベルに到達することができるのは僅かな数であるとし若年者、特に子供でこの段階に到達する事は不可能であると考えた。）
ここでは、詳しく述べる事はしないが、マズローについてはたくさんの文献が翻訳されているので、詳しく知りたい方はそちらを参考にして欲しい。

アブラハムマズローの欲求階層図

高次の欲求になるほど高くなるようにピラミッド形に表現されている。低次の欲求が充足される事により、より高次の欲求が発生すると考えた。

- 自己超越
- 自己実現の欲求
- 承認の欲求
- 所属と愛の欲求 ─┐
- 安全の欲求　　　├ 欠乏欲求
- 生理的欲求　　　┘

カール・ロジャーズが考えた超越者、自己実現者とは』

　ロジャーズは、全ての人間には自己実現傾向が内在すると考えた。もしも、他者の評価などに翻弄される自分から解放され、あるがままの自分を受け入れる事ができるのならば、もはや自分を大きく見せる必要性はなくなり、自己を否定する必要性も無くなるだろう。反対に人間は、自己を取り巻く環境が自分にとって異常な事態であったり、悪い環境においてのみ、自己破壊や苦痛を発達する力が現れると考えた。もし本人を取り巻

く環境が整えられるならば、人間は自ら建設的な方向へと進む傾向があり、さらに動機付けが生じれば積極的行動をとる方向へと動くと考える。

　ロジャーズが言うように、等身大の自分自身でいることができることも大切だし、自分自身を取り巻く環境を整える事も、チャンピオンビルダーになるために必要ではないだろうか？ここで言う環境とは、現実の環境という意味でもあるのだが、本人が認識している環境という意味合いの方が大きい。たとえ同じ環境にいたとしても、ある者はその環境に適応し満足し、またある者は適応する事無く不満を訴える事もあるだろう。客観的に見てという事よりも、本人が如何に環境や状況を認識しているのかが重要なのである。たとえ理想的だとはいえない状況の中でも、現実の環境を柔軟に、そしてポジティブに受けとめる力。（自己の理想と現実体験の一致する部分が大きい状態）超越者や自己実現者はこのようなマインドを持った人達だとも言えるのかもしれない。

カール・ロジャーズ

　得体の知れない、あなたのやる気にブレーキをかけていた正体は、このような自分自身の中にある欲求充足のシステム（低次の欲求が充足されてこそ高次の欲求を求めることができる）や、取り巻く環境が関係している事も大いに考えられないだろうか？一度自分自身の状況、環境を考えるきっかけにしてみてはどうだろうか？

　最後に少々長い引用になるが、僕がとても気に入っている文章で、これまで解説した内容と非常に重なる部分が多い、マイクの言葉を紹介したい。

「成功する人間は、何か神秘的な生まれ持った力があるんだという思い込みに陥ってはならない。更にもしあなたが才能に恵まれているのかどうか迷っている時は、そんな考えは切り捨てるのだ。

　あなたが最大の進歩を得たいと本当に思っているのならば、それは自分次第であり、あなた自身が自分の中で眠っている野望の予兆を深めなくてはならない。いつの時代においても、偉大なボディビルのチャンピオンの成功に火をつけるような大きなエネルギーは、あなた自身なのである。

　それは前もってあるものや、他人がもたらすものではない。ましてや、あなたが薬を摂ることによって手にするものではない。

　我々全ては意志を持っている。その意志は、我々の奥深くの、ある種の原動力のようなもので、それが我々を行動へと動機付けるのだ。この原動力を呼び起こす我々の能力は、例えばボディビルディングのような、ある種の行動をどのように位置付けるか、意味付けるかによるのである。

もしあなたの情熱が十分に強いのならば、あなたの意志の力や、意味が持つ力が働いて、あなたの力や生命力を高めてくれる２つの指標となるのだ。放棄なんていう言葉は私の辞書には無い。あなたもそんなものは自分の中から排除するのだ。

　成熟というものは、自分自身の理想や価値やゴールや、極限的に言えば、自己評価を捨て去る事で得られると考える事によって、大多数の平凡な中に埋もれてしまってはならない。

　気高いビジョンを維持し続けるのだ。情熱を裏切ってはならない。それを形作り、現実のものとして目標とするのだ。

あなたの偉大な意志の表現や栄光ある理由の表現として、筋肉を仕えさせるのだ。（筋肉はあなたの意志や動機の表れなのだ。）

ただのボディビルダーになってはならない。あなたが成り得る、最も偉大なボディビルダーになるのだ」

　あなたを超人へと成長させる種は、もちろんあなたにも内在している。豊かな土壌を作り、あなたが未来を

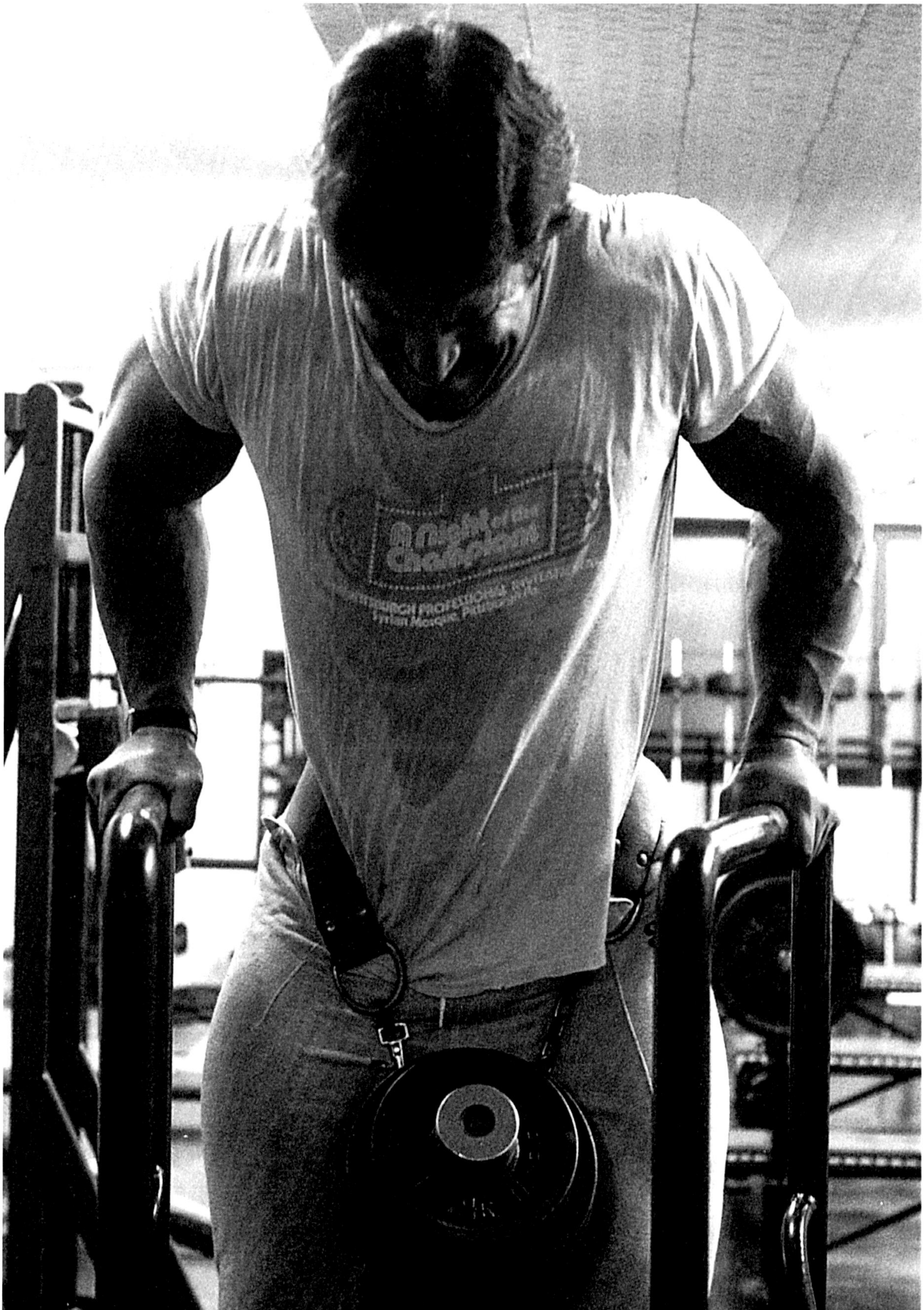

確信し、その土地に水と太陽を与え続ける事ができるのならば、あなたにとって素晴らしくかけがえの無い花が咲く事は間違いないだろう。それは他の誰でもなく、あなた自身が達成し得る、最高の肉体彫刻を完成させるという事なのである。

参考文献
（株）有斐閣　心理学辞典　丸善株式会社 応用心理学事典
誠信書房　カールロジャーズ静かなる革命
産能大学出版部刊　マズローの心理学　人間性の心理学　他

　理論編では、大きな筋肉の塊を獲得するために必要な、『こころの重要性』を紹介してきた。そしてここからは、ヘビーデューティートレーニング（以下 HDT と表記）の実践編を紹介していこうと思っている。読者の皆さんには、トレーニング方法だけが重要なファクターではない事を理解したうえで、あなた自身の HEAVY DUTY MIND を確立し、実践編に移行していただく事を強く願っている。

●参考文献
HEAVY DUTY　　BY MIKE MENTZER
HEAVY DUTY2：MIND AND BODY　　BY MIKE MENTZER
HIGH-INTENSITY TRAINING the MIKE MENTZER WAY　　BY MIKE MENTZER
THE NAITILUS BODYBUILDING BOOK BY ELLINGTON DARDEN
100HIGH‐INTENSITY WAYS TO IMPROVE YOUR BODYBUILDING　BY　ELLINGTON DARDEN

第2章
ヘビーデューティーマインド 「実践編」

第1節

ヘビーデューティーマインド実践編I
HDTの重要な概念

マイク・メンツァー イコール ヘビーデューティー

　マイク・メンツァーのHDTを古いものから、新しいものまで見ていくと、バージョンアップしてきた事がよくわかる。彼は実際にクライアントのサポートをしながら、彼の理論の裏づけとなるデータを収集し、より実践的で効果的なものへと変化させていったようだ。彼は研究室で理屈ばかりをならべている研究者ではなかったのだ。実際初期に紹介されたプログラムと、彼が亡くなる直前に発表したものを比較すると、セット数やトレーニングパートの組み方などに違いが多く見られる。

　この実践編で紹介しようと思っているのは、こういった資料に基づき、（特に後期に発表された理論をベースに）僕自身が理解したHDTを紹介しようとする試みだ。実は先日マイク・メンツァーから直接指導を受けたという方とお話する機会に恵まれた。マイクはいつもこう言っていたらしい。『俺が教えるものがヘビーデューティートレーニングであり、どんなに正しく理解している者がいたとしても、それはヘビーデューティートレーニングではない』そう、マイク・メンツァーという存在があって初めてヘビーデューティートレーニングなのである。そして僕が皆さんに提供できる事は、あくまでも僕が理解したヘビーデューティートレーニングなのである。

　できるだけトレーニング初心者にも解りやすく、実践しやすい方法を紹介して行こうと思っている。そしてこれが皆さんの筋肉発達のためのヒントになれば幸いである。

今回はHDTで重要な概念についてもう一度解説しよう

○「ワンセットオールアウト：HDTで最も象徴的な言葉」
　理論編でも紹介したが、もう一度復習も兼ねて重要な概念なので紹介したい。マイクが言っているワンセットとは、『ワンセットしかやらない』のではなく、『ワンセットしかできない』トレーニングを目指す事なのである。そして1セットしかしない場合と10セットする場合では、どちらが各セット限界に挑めそうだろうか？
　比較してみよう。
　答えは簡単、もちろん1セット。毎回のセットで一生懸命頑張ろうと意識のレベルでどんなに考えていても、無意識のレベルでは10セットこなすという計算が働き、目的は筋肉を限界まで追い込むという事であったはずなのに、10セットをこなす事、10セットで限界に追い込む事が目的の中に含まれてしまうからだ。そのために、わざわざ強度を無意識的に弱くしてしまっているとは考えられないだろうか？
　ここまで言ったら「1セットでオールアウト」する方法が強度を極限にまで高めるには合理的だということは、もう理解できるはずだ。従来のトレーニング理論で言われる筋肉の発達には3セット必要であるとか、5セッ

ト必要であるというような説明には明確な根拠は無い。そして、1セットを2セットに増やすということは倍のエネルギーを消費する事にもなるし、関節への負担も倍になるということなのである。身体を超回復させるためには無駄なエネルギーの消耗は命取りだ。1セットに全神経とエネルギーを集中させて、ウェイトと格闘する事こそが、筋肥大への最短距離だ。

○筋肥大の基本原理

　何故筋肉が付くのか？　人間は（当然全ての生物も環境適応する）環境に適応するから筋肉がつくと考えられる。例えば日差しの強い地域に住んでいる人は日光に対して強い肌を持っている。そして、毎日肉体労働をするような人は、仕事に就いた数ヶ月はとても疲れて毎日がたいへんだけど、次第に体力がつき以前よりは楽になってくる。どちらも環境に対して適応したと考えられる。人間の身体は特定の要求が継続的に課されると、その環境に対応するために適応する。

　そこで、ボディビルダーが筋肉を付けると言う事は、どういった要求を身体に課せば良いのか考えてみよう。答えは簡単。筋肉の中でも、よりたくさんの速筋が必要とされる状況を作り出せば良い訳だ。筋肉は大きな分類で速筋（白筋 /FG、FOG）と遅筋（赤筋 /SO）に分ける事ができるけど、それぞれには特性があって、速筋は筋出力が大きいけれど持久力は乏しく（短距離走をイメージ）、遅筋は筋出力が小さいけれど持久力に優れた特性を持っている（長距離走をイメージ）。速筋と遅筋をそれぞれに用いたトレーニングを比較した場合に、圧倒的に太くなりやすい性質を持つのは、速筋繊維だから、筋肥大を目標とするなら速筋を刺激する必要があるわけだ。

　じゃあ速筋を獲得するためにはどうすればいいか？　それには、たくさんのセットをこなせる能力が必要なわけではなく、一時に動因される筋肉の稼働率が重要なはずだ。1セット40秒から72秒（いろいろな説はある）の範囲で限界に達するように重量を設定し、反復運動を行う。そして筋肉へ発達のシグナルを送るためには、毎回限界に挑むようなトレーニングでなければならない。簡単にこなせるようなトレーニングを何度繰り返しても、身体は決して大きくなってはくれないのだ。

○フルレンジモーション＆ストリクトフォームそしてスロートレーニングの概念へ

　HDTの場合、基本的にフルレンジモーション＆ストリクトフォームでトレーニングを行なう。フリーウェイトでのトレーニング（ダンベル、バーベルを使ったトレーニング）や通常のマシントレーニングではフルレンジ（運動の全稼動域）で、その関節角度によって発揮される筋力に相応しい負荷がかけられているとは言えない。（例えばショルダープレスを例に挙げるとボトムでは重量が重過ぎるし、トップでは軽すぎる）これらを解消したのがアーサージョーンズ博士が開発したノーチラスマシンであり、そのマシンに搭載された可変負荷抵抗カム（ノーチラスカム）は理想的なトレーニングを可能にしたともいえるだろう。マイクはノーチラスマシンを非常に気に入り、ほとんどのメニューに採用した。レンジを分割してトレーニングする方法を採用する人たちも多くいるだろうが、効率性を重要視する（結果、エネルギーの無駄な消費を減らす事ができる）マイクは当然フルレンジでのトレーニングを行なった。

　そしてチーティング（反動動作）を使わずに、ストリクト（正確）に動作を行なう事により、ターゲットの筋、または筋群から緊張が抜ける事が無く、限界に追い込むことが可能となるのだ。そして緊張を維持するための究極形がアーサージョーンズ博士が推奨したスロートレーニングである。マイクも後期は特に強調して指導していた。ノーチラスマシンとスロートレーニングの組み合わせは完璧であり、正にハイインテンシティ（高強度）トレーニングを可能にするのだ。ノーチラスマシンが施設に無い人達も心配はいらない。そういう場合のマニュ

アルレジスタンス（徒手抵抗）トレーニングも紹介しようと思っている。

○ HDTでのスロートレーニング

　スロートレーニングを導入する事で、筋の緊張は運動中常に高く維持する事が可能となる。一般的に「HDTは高重量を振り回すような動作で」と間違った認識がされているようだが、実際は真逆で、非常に正確でゆっくりした動作でトレーニングは行なわれる。レッグエクステンションを例にあげると。まず対象の筋肉の最大収縮位（膝が伸びたポジション）までパートナーに上げてもらい、その位置で2秒間静止させる。次に4秒間かけて最大伸展位（最大限に膝が曲がった状態）におろして行き、筋の緊張を解く事無く、勢いを殺して（反動は絶対に使わない）再び最大収縮位まで4秒かけてあげて行く。特に最大収縮位からの降ろし始め（脚が伸びた位置から降ろすところ）で、最大伸展位からの挙げ始め（膝が一番曲がった位置）のところで緊張が抜けやすいので注意して欲しい。マイクは秒数を数える時に1001、1002、1003と数えていたが、（ワンサウザントワン、ワンサウザントツーと数える事で大体1秒で1カウント数えられたらしい）より正確に秒数を数えるために、メトロノームの使用をお勧めする。電子メトロノームという商品が楽器店などで手に入る。

○ 1セットの反復回数について

レプス（反復回数）は種目によって異なる。前述したように40秒から72秒を目安に反復運動をするのだが、種目によって秒数や、設定が変わるからだ。簡単にまとめると。

・通常のストロークの種目はポジティブ、ネガティブ共に等速で4秒をかける

・短いストローク（カーフレイズやシュラッグ等）の種目はポジティブ、ネガティブ共に等速で３秒をかける
・対象の筋肉が最大収縮したポジションで２秒間ホールド（保持）する。但し、最大収縮ポジションでロックがかかり筋収縮が弱くなる種目の場合はホールドしない。
〈ロックのかからない種目：最大収縮時にホールドする種目〉
レッグエクステンション、レッグカール、バタフライ、ラットプルダウン、サイドレイズ、シュラッグ、マシンアームカール等
〈ロックのかかる種目：最大収縮時にホールドしない種目〉
レッグプレス、チェストプレス、ショルダープレス、トライセプスプレスダウン等

種目例（１レップに必要な時間）
レッグエクステンション：ネガティブ４秒、ポジティブ４秒、ホールド２秒、合計10秒
レッグカール：ネガティブ４秒、ポジティブ４秒、ホールド２秒、合計10秒
レッグプレス：ネガティブ４秒、ポジティブ４秒、合計８秒
　つまりレッグエクステンションなら、４レップス（10秒×４回＝４０秒）以上反復可能な重量を選び、８レップス（10秒×８回＝８０秒）できるようになれば次回重量を増やし、レッグプレスの場合は５レップス（８秒×５回＝４０秒）以上反復可能な重量を選び、９レップス（８秒×９回＝７２秒）達成すれば重量を増やす。つまり最低４０秒連続で動作できる重量からスタートし、７２秒連続で動作ができれば次回のトレーニング時に重量を少し増加させること。（メトロノームのテンポについていける時点までの回数をカウントする）

○**筋出力の３つのレベル　ポジティブ＜スタティック＜ネガティブ**
　筋出力には３つのレベルがあり、出力レベルは次のようになる。ポジティブ（筋が短くなりながら力を発揮する方向）＜スタティック（筋の長さは変化せず力を発揮する）＜ネガティブ（筋が長くなりながら力を発揮する方向）アームカールを例に挙げると、バーベルを巻き上げる方向がポジティブであり、発揮される力が最も弱いために、通常トレーニングを限界まで行なうという時にはバーベルが巻き挙がらなくなった時点、すなわちポジティブレベルの限界を指す。しかしスタティックレベル、ネガティブレベルでは力がまだ残されており、HDTでは限界に達しているとは考えない。補助者が最小限のサポートを行い、カールを続ける事で、スタティックレベルの限界（ウェイトを同じ位置で保持できない状態）に達し、続けて補助者が最小限のサポートをかけることで、ネガティブレベルの限界（自分の意志ではもはやウェイトを下ろすスピードをコントロールできない状態）に達する事ができる。HDTでは最低限、このレベルを目標とする。

○**スーパーセット**
　HDTでは、メニューの多くでスーパーセットを行なう。スーパーセットとは、２つの種目を連続で行なう事であり、マイクの場合、２種目のうち最初の種目は、対象とする筋へ事前疲労を与えるために、アイソレーション（対象の筋が単独で動くような）系の種目を行なう。そして続けて休息は可能な限り入れずに、コンパウンド（多関節運動）系の種目を行なう。このように２種目連続で行なう事で、例えばバタフライとチェストプレスのスーパーセットを例に挙げれば、バタフライ（アイソレーション系種目）で胸が事前疲労をおこす事により、後に続くチェストプレス（コンパウンド系種目）で腕や肩が疲労をおこし運動ができなくなる前に、胸をオールアウトすることが可能となるのだ。

○トレーニングセクションの分割
　まず、身体を3つのセクションに分け、3分割でトレーニングを行なおう。
1日目：胸と背中
2日目：脚
3日目：肩と腕
　以上3つのセクションを1週間でまわるようにスケジュールを組んで欲しい。そして重要なポイントは、トレーニングは2日間続けて行なわない事、非常に強度の高いトレーニングを行なうために休息に細心の注意を払うこと。そうする事でオーバーワークを回避することができる。
例えば以下のように週間スケジュールを組んでみよう。
月：胸と背中
火：完全休養
水：脚
木：完全休養
金：肩と腕
土：完全休養
日：完全休養

　前記のパターンでスケジュールを組めば、月曜日は2日間の休養後にトレーニングする事になるので、非常にフレッシュな状態だ、特に疲労度の高いトレーニングパートをここへ持ってきたりしても良いだろう。また、どこのパートも全て同じ条件でというなら、疲労が蓄積してきた頃に、トレーニング予定日をどこか1日休息日にして、トレーニングパートが曜日で固定されないようにしても良いだろう。（この場合、休息日を1日減らし、サイクルを詰めるような事はしない。）
　例えば以下のように水曜日に休息を1日いれ、トレーニングセクションをずらしてゆく
月：胸と背中
火：完全休養
水：完全休養
木：完全休養
金：脚
土：完全休養
日：完全休養
月：肩と腕　（月曜以下のメニューは順にずれてゆく）
　上記のサイクルで回復が追いつかなくなってくれば、1週間に1回同一部位をトレーニングするパターンから8日に1回、9日に1回とトレーニング頻度を落としてゆく事で回復を促す必要がある。
　上記のように、胸や背中のトレーニングと肩や腕のトレーニング日を分ける事で筋肉の疲労回復が追いつかない場合もある。（胸や背中のトレーニングでも肩や腕の筋肉が疲労するため）その場合は下記の分割メニューを採用してみて欲しい。
　まず、上半身をプル系（引き）プレス系（二つ）でトレーニング日を分け、それに脚のトレーニング日を加え3分割でトレーニングを行おう。

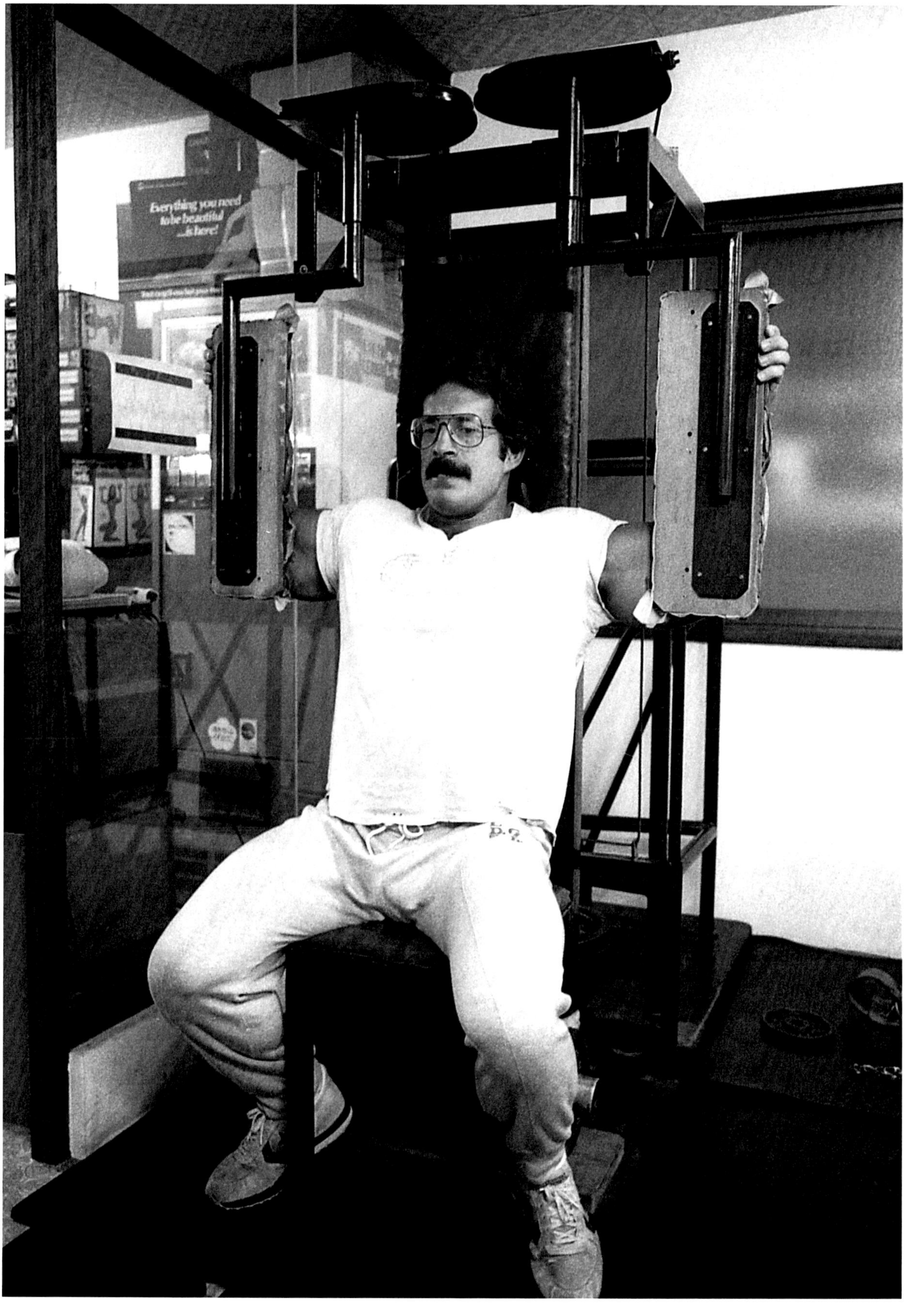
Everything you need
to be beautiful
...is here!

１日目：上背部と上腕二頭筋
２日目：胸と肩の前面と上腕三頭筋
３日目：脚
　以上３つのセクションを１週間でまわるようにスケジュールを組んで欲しい。
例えば以下のように週間スケジュールを組んでみよう。
月：上背部と上腕二頭筋
火：完全休養
水：胸と肩の前面と上腕三頭筋
木：完全休養
金：脚
土：完全休養
日：完全休養

第2節
ヘビーデューティーマインド実践編Ⅱ
胸&背中のトレーニング

　ここからは実際のヘビーデューティートレーニング(以下HDTと表記)について詳しく解説していこうと思う。まず1日目のトレーニングは胸と背中のトレーニングだ。より深く理解していただくために前回の記事と合わせて読んで頂きたい。

○まず最初に行なう事は
「まずトレーニングに入る前に行なってもらうことがある。それは1週間トレーニングを休むことだ。」ストロング安田氏がマイク・メンツァーのもとでパーソナルトレーニングを受けた時に最初に言われた指示がこの言葉だ。ボディビル留学のためにボディビルディングのメッカ、ベニスゴールドジムで憧れのスーパースター、マイク・メンツァーのHDTが始まると期待一杯の安田氏はとても驚いたらしい。しかしこの1週間の休息の意味がマイクとのHDTが始まった時に「なるほど」と理解できたそうだ。長期間にわたる慢性的な疲労。肉体的にも精神的にも知らない間に蓄積されていたものが解消され、正にエネルギーが溢れ出る状態で初回のセッションをむかえる事ができたのだ。こんな状態でのトレーニングが上手くいかない訳が無い。出鼻をくじくようだが、この期間を利用して、トレーニングのメニューや理論を自分の中で整理して、トレーニングを始めた頃のようにフレッシュな状態でHDTに挑んで欲しい。

○記録をとる
　メニューを作成すると同時に、記録用紙(記録ノート)も作成しよう。毎回の正確な記録が、次のトレーニングでの目標設定や、振り返りの材料となるのは言うまでも無い。そして目標設定も忘れずに！毎回のトレーニングでの目標(短期目標)や、1年後、2年後のプランもあなたのやる気の原動力となるだろう。

○メンタルリハーサル
　今日行なうトレーニングのリハーサルをイメージの中で行なう。できれば静かで集中できる空間があれば最適だ。上級者になれば細部に渡ってのイメージを頭の中で視覚化することも可能となる。トレーニングで行なう事が全て上手くいくように事前にイメージする事は大切だ。絶対に失敗があってはならないからだ。マイクは弟のレイと(当時のトレーニングパートナーはレイだった)マッスルサミット(2人のミーティングをこう呼んだ)をトレーニング前に行なう事が恒例だったようだ。各セットの重量設定からインターバルまで入念に打ち合わせした。あなたにトレーニングパートナーがいるなら、マッスルサミットもお勧めだ。意識を高め、絶対に目標をクリアするために入念に計画を立てることが成功の鍵である。

○ウォーミングアップについて
　トレーニングの前には必要以上にウォーミングアップの時間をとらない事、トレーニングに必要なウォーム

アップを行なえば良いわけで、無駄にエネルギーを消費するような事はしない。ここで必要とされるウォームアップとは、軽い重量、中程度の重量を使ってトレーニング種目をゆっくりとした動作で2,3セット行う事である。そうする事で、対象の筋肉へ血液を送り込む事もできるし、何よりもトレーニングに対する志気を高める事ができるだろう。ストレッチに関しても、極端に可動域を広げるようなものは推奨しない。ストレッチはトレーニング動作でほとんど終わらせる事ができるだろうし、その方が合理的なのである。マイクが指導していたカリフォルニアと日本では若干気候が異なるので、日本においては、冬季は筋温が少し上がる程度にはウォームアップが必要と思われる。対照的にメンタル面でのウォームアップは入念に行なうべきだ。重りと格闘するために意識を戦闘モードに変えるものは、音楽だったり、気分を高揚させる映像や読書だったりするのである。マイクやドリアンはトレーニング前に大音量で音楽を聞いたようだ。

DAY 1：胸と背中のトレーニング

●胸のメニュー
ペックデッキフライ（バタフライ）＆マシンチェストプレスをスーパーセット
　まずウォームアップのセットは、インターバルは1分程度で十分だろう。
　ペックデッキフライは補助者に最大収縮ポジションまで持ってきてもらい、（腕が閉じた位置）ホールド2秒、ネガティブ4秒、ポジティブ4秒を等速で（電子メトロノームを使う）しかも勢いをつけずに動作する。反復運動しポジティブの限界を向かえたところで、1～3回補助者が最小限の補助を行う。6秒から10秒呼吸を整えた後、（レストポーズと言われるテクニック）再び補助者に最大収縮ポジションまで持ってきてもらい、ホールド2秒、ネガティブ4秒、ポジティブ4秒を等速運動で連続して行なう。再びポジティブの限界に達したら、補助者に1～3回最小限の力を借りて動作を続ける。休息をできる限り入れずにチェストプレスマシンに移動し、補助者に最大収縮ポジションまで持ってきてもらい、（腕が伸びた位置）ネガティブ4秒、ポジティブ4秒を等速で勢いをつけずに動作する。反復運動を行ない、ポジティブの限界を向かえたところで、1～3回補助者が最小限の補助を行う。6秒から10秒呼吸を整えた後、再び補助者に最大収縮ポジションまで持ってきてもらい、ネガティブ4秒、ポジティブ4秒を等速運動で連続して行なう。再びポジティブの限界に達したら、補助者に1～3回最小限の力を借りて動作を続ける。以上が1セットだが、正しい動作で行なう事ができれば筋肉は運動停止状態に持っていくことができるだろう。クライアントに聞くと、筋肉が今までに無いような疲労をおこし、どーんと重くなる感じがあるという感想や、限界という感じがつかめたようだという意見が多く聞かれる。

●トレーニング重量と回数の目安
　ペックデッキフライは4回～8回正確な動作で、しかもメトロノームのテンポに合わせられる重量を選ぶ。8回できれば、次回重量を増やす。
　マシンチェストプレスは5回～9回正確な動作で、しかもメトロノームのテンポに合わせられる重量を選ぶ。9回できれば、次回重量を増やす。

1 ペックデッキフライ、ウォームアップセット
（トレーニング重量の50％程度で）×10回
2 マシンチェストプレス、ウォームアップセット

第2章：ヘビーデューティーマインド『実践編』

ペクデッキフライ

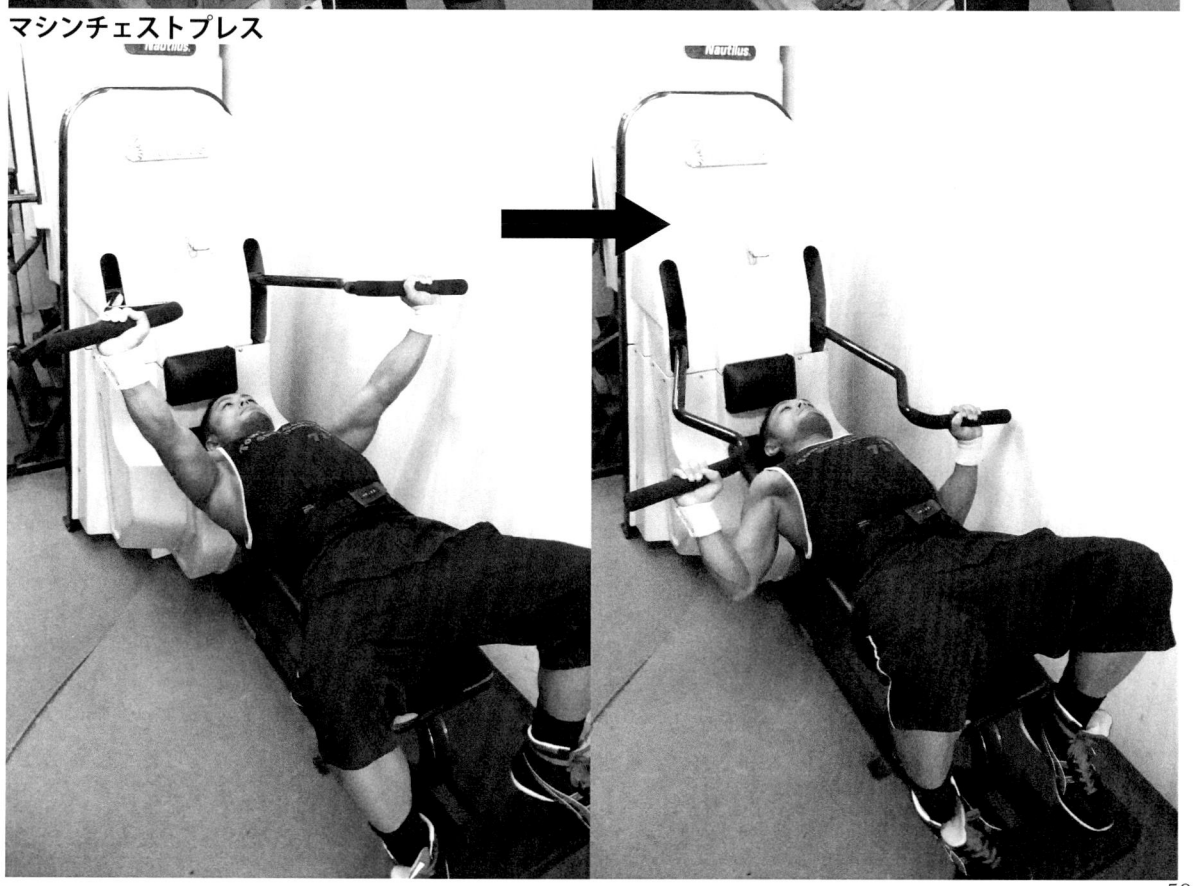

マシンチェストプレス

（トレーニング重量の50％程度で）×10回
※1と2の間は可能な限り早く移動する。（休息は入れない）2と3の間に1分間休息
3 ペックデッキフライ、ウォームアップセット
（トレーニング重量の75％程度で）×5回
4 マシンチェストプレス、ウォームアップセット
（トレーニング重量の75％程度で）×5回
※3と4の間は可能な限り早く移動する。（休息は入れない）4と5の間に1分間休息
5 ペックデッキフライ、トレーニングセット
　トレーニング重量×限界まで、1〜3回フォーストレップ（補助）を行なった後、6〜10秒の休息をし、再び限界まで動作を行い、補助の力を最小限借りて1〜3回行なう。
※5と6の間は可能な限り早く移動する。（休息は入れない）
6 マシンチェストプレス、トレーニングセット
　トレーニング重量×限界まで、1〜3回フォーストレップ（補助）を行なった後、6〜10秒の休息をし、再び限界まで動作を行い、補助の力を最小限借りて1〜3回行なう。

●背中のメニュー
　胸のトレーニングが終了したら、十分な休息（5分から10分程度）を取り、背中のトレーニングへ移行する。
　まず最初に、スーパープルオーバー（プルオーバー）＆リバースグリッププルダウンをスーパーセットで行なう。先程と同じでウォームアップのセットは、インターバルは1分程度で十分だろう。
スーパープルオーバーは補助者に最大収縮ポジションまで持ってきてもらい、（腕が下りて、太ももにバーが当たっている位置）ホールド2秒、ネガティブ4秒、ポジティブ4秒を等速で（電子メトロノームを使う）勢いをつけずに動作する。反復運動しポジティブの限界を向かえたところで、1〜3回補助者が最小限の補助を行う。6秒から10秒呼吸を整えた後、再び補助者に最大収縮ポジションまで持ってきてもらい、ホールド2秒、ネガティブ4秒、ポジティブ4秒を等速運動で連続して行なう。再びポジティブの限界に達したら、補助者に1〜3回最小限の力を借りて動作を続ける。休息をできる限り入れずにリバースグリッププルダウンへ移動し、補助者に最大収縮ポジションまで持ってきてもらい、（肘が曲がりバーが胸に近づいた位置）ホールド2秒、ネガティブ4秒、ポジティブ4秒を等速で勢いをつけずに動作する。反復運動を行ない、ポジティブの限界を向かえたところで、1〜3回補助者が最小限の補助を行う。6秒から10秒呼吸を整えた後、再び補助者に最大収縮ポジションまで持ってきてもらい、ホールド2秒、ネガティブ4秒、ポジティブ4秒を等速運動で連続して行なう。再びポジティブの限界に達したら、補助者に1〜3回最小限の力を借りて動作を続ける。
　最後の種目はデッドリフト、この種目ではメトロノームは使用せず、反動を用いずに、正確な動作で行なえるスピードを保つことがポイント。背部の筋をほとんど使用する種目であり、非常に重要な種目だ。使用重量にもよるのだが、(高重量を扱う場合にはウォームアップセットを増やす事) 2〜3セットのウォームアップセットを行なった後、本番セットを行なう。

●トレーニング重量と回数の目安
　スーパープルオーバーは4回〜8回正確な動作で、しかもメトロノームのテンポに合わせられる重量を選ぶ。8回できれば、次回重量を増やす。
　リバースグリッププルダウンは4回〜8回正確な動作で、しかもメトロノームのテンポに合わせられる重量

第2章：ヘビーデューティーマインド『実践編』

マシンプルオーバー

ラットマシンプルダウン

デッドリフト

を選ぶ。8回できれば、次回重量を増やす。

デッドリフトは10回～15回正確な動作で、15回できれば次回重量を増やす。

1．スーパープルオーバー、ウォームアップセット
（トレーニング重量の50％程度で）×10回

2．リバースグリッププルダウン、ウォームアップセット
（トレーニング重量の50％程度で）×10回

※1と2の間は可能な限り早く移動する。（休息は入れない）2と3の間に1分間休息

3．スーパープルオーバー、ウォームアップセット
（トレーニング重量の75％程度で）×5回

4．リバースグリッププルダウン、ウォームアップセット
（トレーニング重量の75％程度で）×5回

※3と4の間は可能な限り早く移動する。（休息は入れない）4と5の間に1分間休息

5．スーパープルオーバー、トレーニングセット
トレーニング重量×限界までプラス1～3回フォーストレップ（補助）を行なった後、6～10秒の休息をし、再び限界まで動作を行い、補助の力を最小限借りて1～3回行なう。

※5と6の間は可能な限り早く移動する。（休息は入れない）

6．リバースグリッププルダウン、トレーニングセット
トレーニング重量×限界までプラス1～3回フォーストレップ（補助）を行なった後、6～10秒の休息をし、再び限界まで動作を行い、補助の力を最小限借りて1～3回行なう。

※6と7の間は呼吸が整うまで休息。

7．デッドリフト（コンベンショナルスタイル）ウォームアップセット

（トレーニング重量の50％程度で）×10回

※7と8の間に1分間休息

8．デッドリフト（コンベンショナルスタイル）ウォームアップセット

（トレーニング重量の75％程度で）×5回

※8と9の間に1分間休息

9．デッドリフト（コンベンショナルスタイル）、トレーニングセット

トレーニング重量×限界まで。非常に姿勢が大切な種目なので、フォームが崩れないように十分注意する事。

第3節

ヘビーデューティーマインド実践編Ⅲ 脚のトレーニング

　僕のジムにハイインテンシティートレーニング（高強度トレーニング）を体験しに来たクライアントが、どの部位のトレーニングを行なうかを僕が決めて良いのなら、何の迷いもなく脚のトレーニングをおこなってもらうだろう。（実際にそうしている）何故なら、この過酷なトレーニングを体験し、乗り越えてもらう事で、クライアントが自分の中に持っていた限界のレベルを確実に超えることができ、次回以降のトレーニングにプラスの効果が反映されるからである。以前の記事の中でも書いたが、人間には意識と無意識のレベルがあり、意識の上でどれだけ限界を超えようと努力しようとも、無意識のレベルで抑制がかかるのだ。この無意識の抑制を解除し、限界のレベルを上げるにはどうすればいいか？答えは簡単、自らが限界を超える（今までの限界を意味する）体験をすることである。そしてその限界を超えるために大きな役割を持つのがトレーナーやトレーニングパートナーの存在である。それらの補助や、励まし、声援を受ける事で、今までの限界を超えることも可能となるだろう。そして、ひとたび超えた以前の限界はもはや自己の限界ではなく、新たな限界が生まれるのだ。HDTとは精神と肉体の限界を常に追い求めるものであり、毎回のトレーニングが生きるか死ぬかの戦いなのである。それでは前回に引き続き、ヘビーデューティートレーニング実践編を紹介しよう。そう今回はHDTで最も過酷な脚のトレーニングだ。

DAY 2：脚のトレーニング

●脚のメニュー
スクワット
レッグエクステンション＆レッグプレスをスーパーセット
レッグカール
スタンディングカーフレイズ

第1種目スクワット
　まず最初の種目はスクワットだ、この種目では電子メトロノームは使用せず、反動を用いずに、正確な動作で行なえるスピードを保つことがポイント。この種目は脚部はもとより全身のほとんどの筋が動員されるトレーニングであり、筋量を増すためには非常に重要な種目だ。使用重量にもよるのだが、（高重量を扱う場合にはウォームアップセットを増やす事）2〜3セットのウォームアップセットを行なった後、本番セットを行なう。特に注意すべき点は、立ち上がった時に膝のロックを行なわないこと。（ロックする事で筋の緊張が緩みやすい）そして、しゃがみはじめ（膝が曲がり始めるところ）のポジションと立ち上がり（しゃがみこんだポジションからの立ち上がり）のポジションでも筋の緊張は抜けやすい。このポジションでは特に注意して動作に勢いがついたり反動動作を使わないようにして欲しい。全可動域で筋の緊張が抜ける事無く動作を繰り返すことによ

スクワット

り、無駄なエネルギーを使う事無く、効率良く対象の筋をオールアウトすることが可能になる。まずポジティブの限界に到達（自力で立ち上がれなくなったら）したら、補助者に最小限のサポートをしてもらい１～３回動作を繰り返す。６秒から１０秒呼吸を整えた後、（レストポーズと言われるテクニック）再び動作を繰り返し、ポジティブの限界に到達したら、再び補助者に最小限のサポートをしてもらい１～３回動作を繰り返す。スクワット終了時には、自力では立っていられない状態が運動の目安である。

第２種目レッグエクステンション＆レッグプレスのスーパーセット

　呼吸が整い次第、第二種目のレッグエクステンション＆レッグプレスのスーパーセットを行なおう。ウォームアップのセットのインターバルは１分程度で十分だろう。レッグエクステンションは補助者に最大収縮ポジションまで持ってきてもらい、（脚が伸び膝がロックした位置）ホールド２秒、ネガティブ４秒、ポジティブ４秒を等速で（電子メトロノームを使う）しかも勢いをつけずに動作する。反復運動しポジティブの限界を向かえたところで、１～３回補助者が最小限の補助を行う。６秒から１０秒呼吸を整えた後、（レストポーズと言われるテクニック）再び補助者に最大収縮ポジションまで持ってきてもらい、ホールド２秒、ネガティブ４秒、ポジティブ４秒を等速運動で連続して行なう。再びポジティブの限界に達したら、補助者に１～３回最小限の力を借りて動作を続ける。休息をできる限り入れずにレッグプレスマシンに移動し、両手で膝を押し最大収縮ポジションまで持っていき、（脚は伸びてはいるが、膝がロックしていない位置）ネガティブ４秒、ポジティブ４秒を等速で勢いをつけずに動作する。反復運動を行ない、ポジティブの限界を向かえたところで、１～３回自分で最小限の補助を行う。６秒から１０秒呼吸を整えた後、再び自力で最大収縮ポジションまで持っていき、

レッグエクステンション

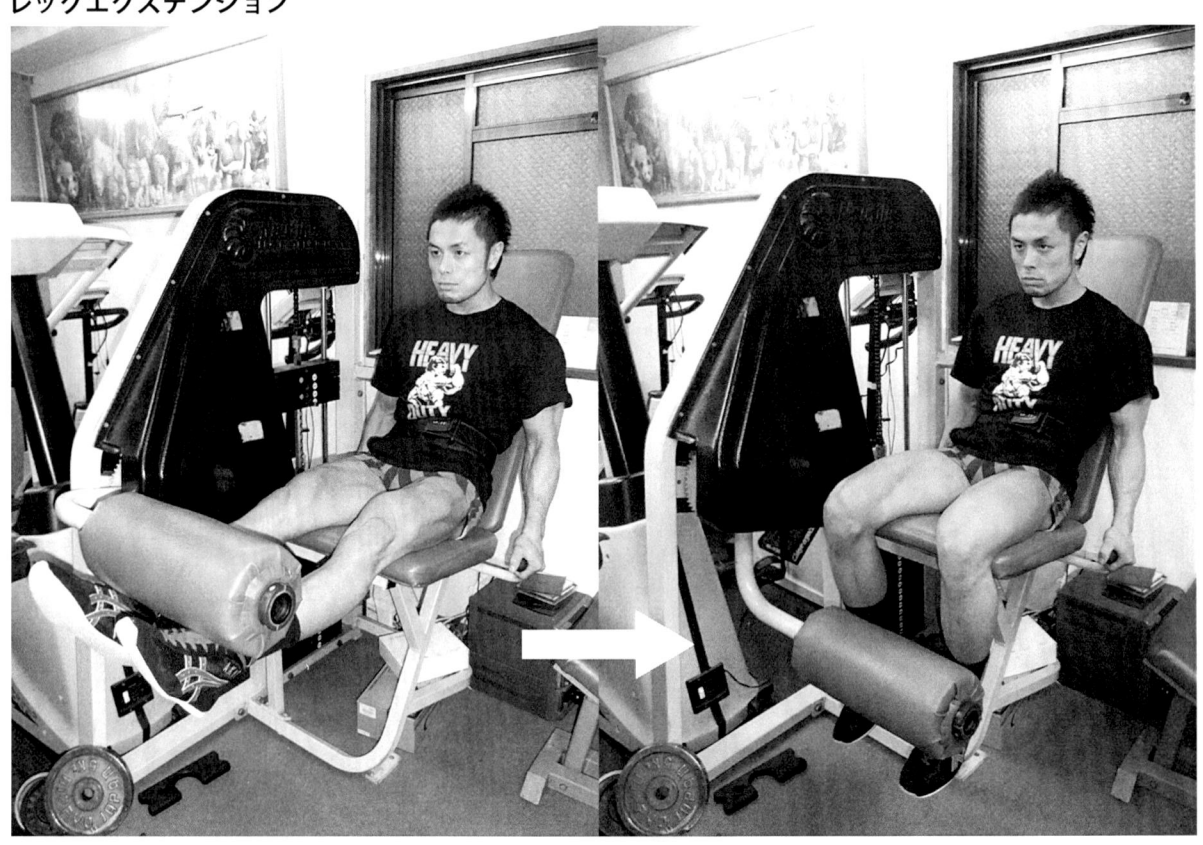

レッグプレス

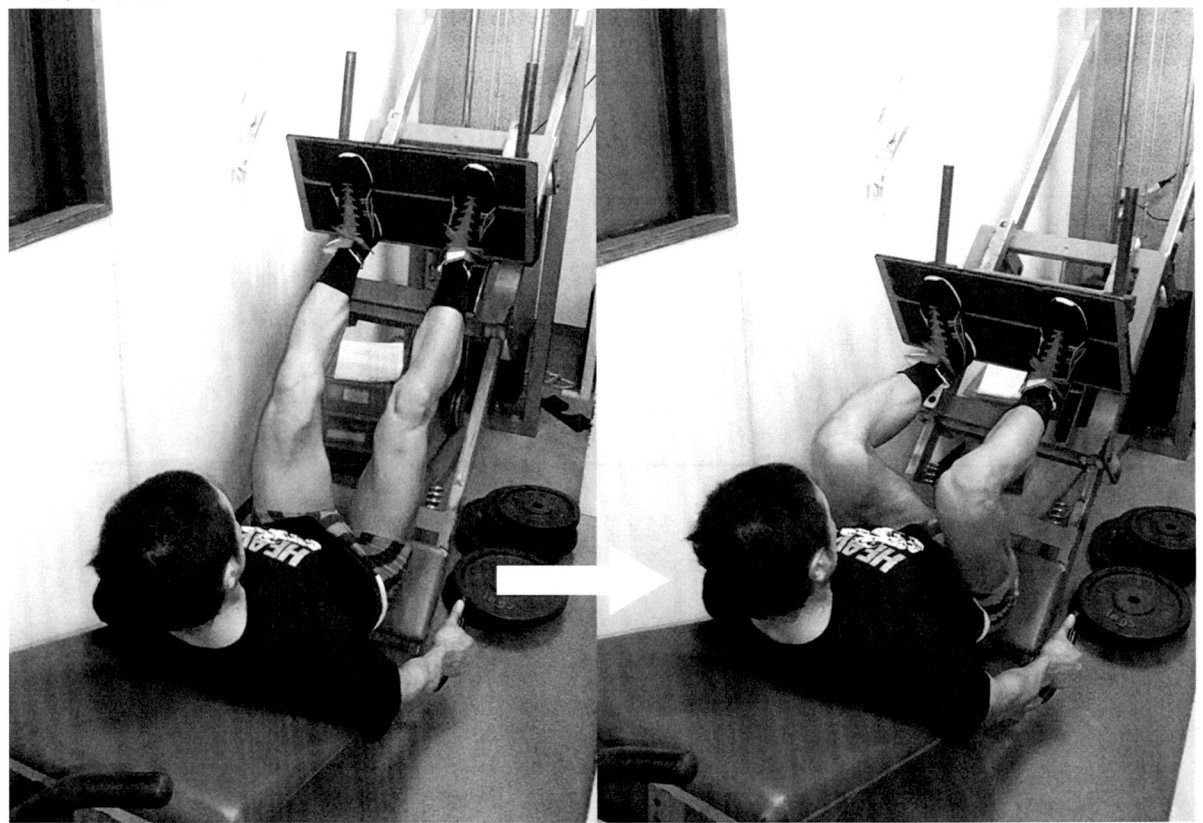

レッグカール

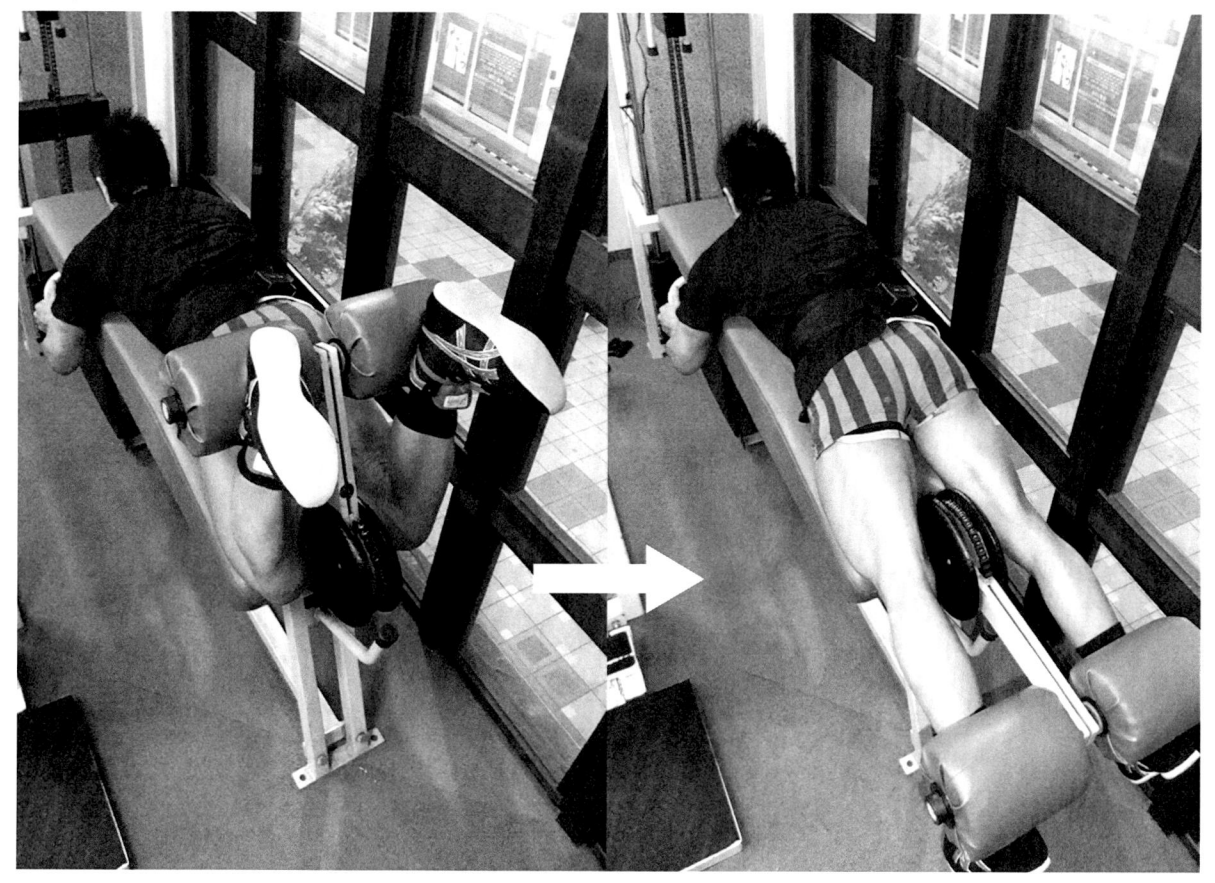

ネガティブ4秒、ポジティブ4秒を等速運動で連続して行なう。再びポジティブの限界に達したら、1～3回自分で最小限の補助を行ない動作を続ける。以上の動作を正確に行なう事ができれば、運動停止状態に追い込む事が可能になる。脚のトレーニングはハイインテンシティトレーニングの中でも最もハードなトレーニングパートなので、コンディションを十分に整えてトレーニングに挑む事をお勧めする。

第3種目　レッグカール（脚部後面、臀部のトレーニング）

　先程と同じでウォームアップセットのインターバルは1分程度で十分だろう。レッグカールは補助者に最大収縮ポジションまで持ってきてもらい、（脚が曲がり、かかとがお尻に最も近づいている位置）ホールド2秒、ネガティブ4秒、ポジティブ4秒を等速で勢いをつけずに動作する。反復運動しポジティブの限界を向かえたところで、1～3回補助者が最小限の補助を行う。6秒から10秒呼吸を整えた後、再び補助者に最大収縮ポジションまで持ってきてもらい、ホールド2秒、ネガティブ4秒、ポジティブ4秒を等速運動で連続して行なう。ポジティブの限界を向かえたら1～3回補助者が最小限の補助を行う。

第4種目　スタンディングカーフレイズ（ふくらはぎのトレーニング）

　この種目では特に必要と感じない限りウォームアップセットは行なわない。すでにこれまでの種目でカーフのウォームアップも行なわれているからである。スタンディングカーフレイズでは自力で最大収縮ポジションまで持っていき、（かかとがこれ以上、上がらない位置）ホールド2秒、ネガティブ3秒、ポジティブ3秒を等速で勢いをつけずに動作する。反復運動しポジティブの限界を向かえたところで、1～3回補助者が最小限の

スタンディング・カーフレイズ

補助を行う。6秒から10秒呼吸を整えた後、再び自力で最大収縮ポジションまで持っていき、ホールド2秒、ネガティブ3秒、ポジティブ3秒を等速で勢いをつけずに動作する。ポジティブの限界を向かえたら1～3回補助者が最小限の補助を行う。

カーフレイズでは可動域が狭いため、通常4秒かけて行なうポジティブ、ネガティブ動作を3秒に変更している。

● トレーニング重量と回数の目安

　スクワットは10回～15回正確な動作で、15回できれば、次回重量を増やす（もし膝をロックしたら、それまでの回数が記録となる）。

　レッグエクステンションは4回～8回正確な動作で、しかもメトロノームのテンポに合わせられる重量を選ぶ。8回できれば、次回重量を増やす。

　レッグプレスは5回～9回正確な動作で、しかもメトロノームのテンポに合わせられる重量を選ぶ。9回できれば、次回重量を増やす。

レッグカールは4回～8回正確な動作で、しかもメトロノームのテンポに合わせられる重量を選ぶ。8回できれば、次回重量を増やす。

　スタンディングカーフレイズは5回～9回正確な動作で、しかもメトロノームのテンポに合わせられる重量を選ぶ。9回できれば、次回重量を増やす。

1．スクワット、ウォームアップセット

（トレーニング重量の50％程度で）×10回

※1と2の間に1分間休息

2．スクワット、ウォームアップセット

（トレーニング重量の75％程度で）×5回

※2と3の間に1分間休息

3．スクワット、トレーニングセット

トレーニング重量×限界（自力で立ち上がれなくなったら）までプラス1〜3回フォーストレップ（補助）を行なった後、6〜10秒の休息をし、再び限界まで動作を行い、補助の力を最小限借りて1〜3回行なう。
（非常に姿勢が大切な種目なので、フォームが崩れないように十分注意する事。）

※3と4の間は呼吸が整うまで休息。

4．レッグエクステンション、ウォームアップセット

（トレーニング重量の50％程度で）×10回

5．レッグプレス、ウォームアップセット

（トレーニング重量の50％程度で）×10回

※4と5の間は可能な限り早く移動する。（休息は入れない）5と6の間に1分間休息

6．レッグエクステンション、ウォームアップセット

（トレーニング重量の75％程度で）×5回

7．レッグプレス、ウォームアップセット

（トレーニング重量の75％程度で）×5回

※6と7の間は可能な限り早く移動する。（休息は入れない）7と8の間に1分間休息

8．レッグエクステンション、トレーニングセット

トレーニング重量×限界までプラス1〜3回フォーストレップ（補助）を行なった後、6〜10秒の休息をし、再び限界まで動作を行い、補助の力を最小限借りて1〜3回行なう。

※8と9の間は可能な限り早く移動する。（休息は入れない）

9．レッグプレス、トレーニングセット

トレーニング重量×限界までプラス1〜3回フォーストレップ（自力で補助）を行なった後、6〜10秒の休息をし、再び限界まで動作を行ったあと、自分で最小限の補助を行い、1〜3回動作を続ける。

※9と10の間は呼吸が整うまで休息。

10．レッグカール、ウォームアップセット

（トレーニング重量の50％程度で）×10回

※10と11の間に1分間休息

11．レッグカール、ウォームアップセット

（トレーニング重量の75％程度で）×5回

※11と12の間に1分間休息

12．レッグカール、トレーニングセット

トレーニング重量×限界までプラス1〜3回フォーストレップ（補助）を行なった後、6〜10秒の休息をし、再び限界まで動作を行い、補助の力を最小限借りて1〜3回行なう。

※12と13の間は呼吸が整うまで休息。

13．スタンディングカーフレイズ、トレーニングセット

トレーニング重量×限界までプラス1〜3回フォーストレップ（自力で補助）を行なった後、6〜10秒の休息をし、再び限界まで動作を行ったあと、自分で最小限の補助を行い、1〜3回動作を続ける（これまでのトレーニングでカーフは既に使われているので、特に必要に感じない限りはウォームアップのセットは行なわない）。

第4節
ヘビーデューティーマインド実践編Ⅳ
肩&腕のトレーニング

　トレーニング3日目のメニューは肩と腕。筋トレをハードにやっている人はもちろん、筋トレ愛好家なら皆この部分を特に大きく発達させようと日々努力に励んでいるのではないだろうか？いろいろな角度から刺激をかけてとか、重量や回数に変化をもたせたりだとか、トレーニングのアイデアは後を尽きないだろう。しかしマイク・メンツァーは肩&腕に関しても一貫して少ないセットでトレーニングすることの重要性を説いている。特に今回のトレーニングパートである肩や腕は、背中や胸のトレーニングを行なう上で既にかなり使っているわけだ。発達させたいからと多くの種目やセットをこなしては、簡単にオーバーワークになる危険性だってある。オーバーワークになれば発達どころか、筋の成長は停滞し、最悪の場合サイズダウンを引き起こしかねない。マイクが推奨するように、より少ないセットで高強度のトレーニングを行なう事ができれば、理想の発達も夢ではないだろう。そして今回のトレーニングで特に注意したいことはチーティング（反動を用いた動作）を行なわないように特に注意してほしい。肩や腕の筋肉は小さなパートなので、少しのチーティングでも対象の筋肉にかかる負荷は半減してしまう。（半減どころか0にだってなることも）こうなったら何のために補助者をつけて高強度トレーニングをしているのかわからなくなってしまう。筋肉が悲鳴をあげて逃げ出したくなった時（チーティングを行ないそうになる時）こそ筋肉発達のチャンスなのである。

DAY 3：肩&腕のトレーニング

●肩のメニュー
ノーチラスマシン サイドレイズ&ノーチラスマシン ショルダープレスのスーパーセット
　まず最初の種目はノーチラスマシン サイドレイズ&ノーチラスマシン ショルダープレスのスーパーセットだ、肩はこの種目だけである。まず最初の種目のサイドレイズは補助者に最大収縮ポジションまで持ってきてもらい、（肘が最も高い位置に来たところ）ホールド2秒、ネガティブ4秒、ポジティブ4秒を等速で（電子メトロノームを使う）しかも勢いをつけずに動作する。反復運動しポジティブの限界を向かえたところで、1〜3回補助者が最小限の補助を行う。6秒から10秒呼吸を整えた後、（レストポーズと言われるテクニック）再び補助者に最大収縮ポジションまで持ってきてもらい、ホールド2秒、ネガティブ4秒、ポジティブ4秒を等速運動で連続して行なう。再びポジティブの限界に達したら、補助者に1〜3回最小限の力を借りて動作を続ける。休息をできる限り入れずにショルダープレスマシンに移動し、補助者のサポートを借りて最大収縮ポジションまで持っていき、（肘が伸びきる少し手前のポジション）ネガティブ4秒、ポジティブ4秒を等速で勢いをつけずに動作する。反復運動を行ない、ポジティブの限界を向かえたところで、1〜3回自分で最小限の補助を行う。6秒から10秒呼吸を整えた後、再び補助者のサポートを借りて最大収縮ポジションまで持っていき、ネガティブ4秒、ポジティブ4秒を等速運動で連続して行なう。再びポジティブの限界に達したら、1〜3回補助者から最小限のサポートを受け動作を続ける。以上の動作を正確に行なう事ができれば、運動停止状態に

マシンサイドレイズ

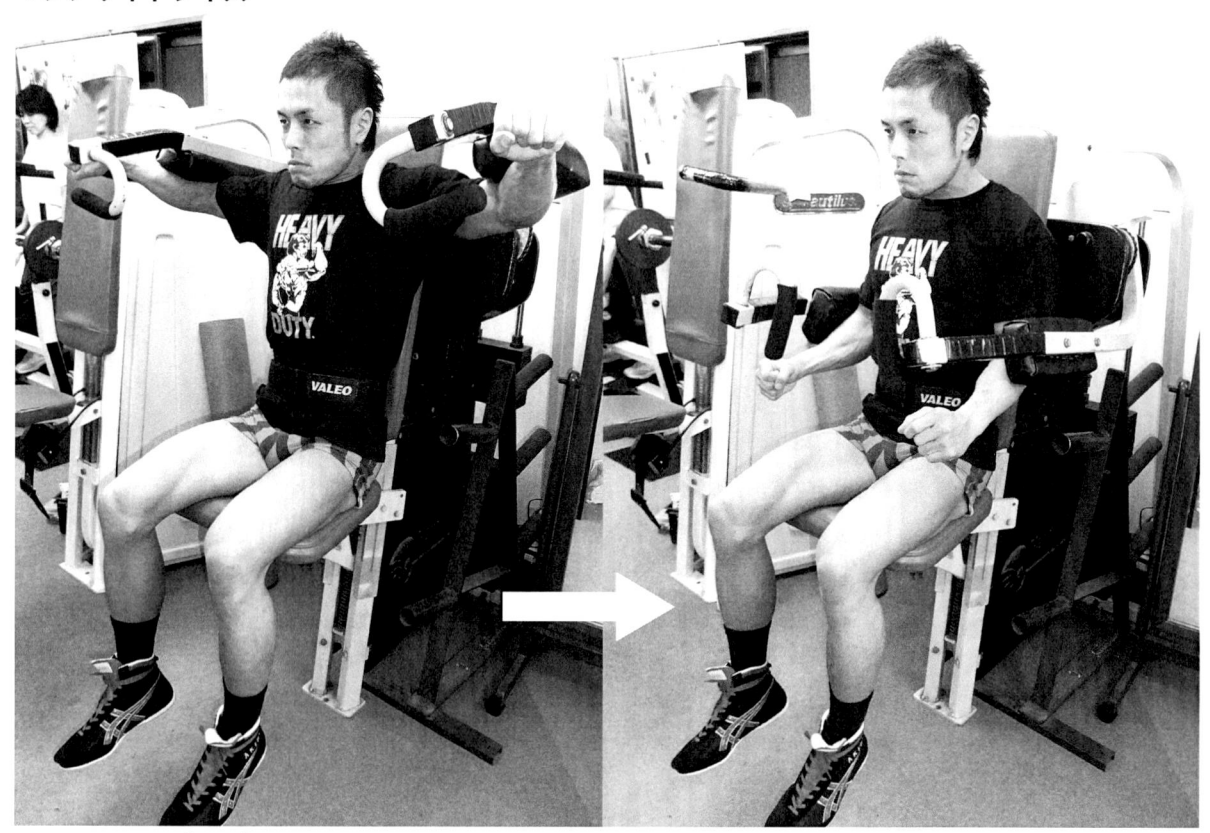

マシンショルダープレス

●上腕二頭筋のメニュー
バーベルツーハンドカール

　上腕二頭筋も1種目1セットのみである。バーベルツーハンドカールは補助者に最大収縮ポジションまで持ってきてもらい、(肘が曲がり、バーベルが一番高い位置にある状態) ネガティブ4秒、ポジティブ4秒を等速で勢いをつけずに動作する。(電子メトロノームを使う) 反復運動しポジティブの限界を向かえたところで、1～3回補助者が最小限の補助を行う。6秒から10秒呼吸を整えた後、再び補助者に最大収縮ポジションまで持ってきてもらい、ネガティブ4秒、ポジティブ4秒を等速運動で連続して行なう。ポジティブの限界を向かえたら1～3回補助者が最小限の補助を行う。特にこの種目は反動を用いやすい種目なので注意して欲しい。上腕二頭筋の力のみで動作を繰り返すのである。正しくこの種目を行なう事ができれば、運動停止状態にもって行く事ができ、上腕二頭筋は緊張し腕を伸ばす事が困難な状態になるだろう。

●上腕三頭筋のメニュー
トライセプスプレスダウン＆ノーチラスマシン ナロウグリッププレスのスーパーセット

　最後の種目はトライセプスプレスダウン＆ノーチラスマシン ナロウグリッププレスのスーパーセットだ、上腕三頭筋もこの種目だけである。まず最初の種目トライセプスプレスダウンは補助者に最大収縮ポジションまで持ってきてもらい、(腕は伸びてはいるがロックがかかり力が抜けていないポジション) ネガティブ4秒、ポ

バーベルツーハンズカール

ジティブ4秒を等速で（電子メトロノームを使う）しかも勢いをつけずに動作する。反復運動しポジティブの限界を向かえたところで、1～3回補助者が最小限の補助を行う。6秒から10秒呼吸を整えた後、（レストポーズと言われるテクニック）再び補助者に最大収縮ポジションまで持ってきてもらい、ネガティブ4秒、ポジティブ4秒を等速運動で連続して行なう。再びポジティブの限界に達したら、補助者に1～3回最小限の力を借りて動作を続ける。休息をできる限り入れずにチェストプレスマシンに移動し、補助者のサポートを借りて最大収縮ポジションまで持っていき、（肘が伸びきる少し手前のポジション）ネガティブ4秒、ポジティブ4秒を等速で勢いをつけずに動作する。反復運動を行ない、ポジティブの限界を向かえたところで、1～3回自分で最小限の補助を行う。6秒から10秒呼吸を整えた後、再び補助者のサポートを借りて最大収縮ポジションまで持っていき、ネガティブ4秒、ポジティブ4秒を等速運動で連続して行なう。再びポジティブの限界に達したら、1～3回補助者から最小限のサポートを受け動作を続ける。以上の動作を正確に行なう事ができれば、運動停止状態に追い込む事が可能になる。上腕三頭のトレーニングでは指導やトレーニングの経験的に、筋肉は鉛のように重くなる感覚が得られるだろう。

● トレーニング重量と回数の目安

　マシンサイドレイズは4回～8回正確な動作で、しかもメトロノームのテンポに合わせられる重量を選ぶ。8回できれば、次回重量を増やす。
　マシンショルダープレスは5回～9回正確な動作で、しかもメトロノームのテンポに合わせられる重量を選ぶ。9回できれば、次回重量を増やす。
　バーベルツーハンドカールは5回～9回正確な動作で、しかもメトロノームのテンポに合わせられる重量を選ぶ。9回できれば、次回重量を増やす。（身体が反ったりすればそれまでの回数が記録となる）
　トライセプスプレスダウンは5回～9回正確な動作で、しかもメトロノームのテンポに合わせられる重量を選ぶ。9回できれば、次回重量を増やす。
　ナロウグリッププレスは5回～9回正確な動作で、しかもメトロノームのテンポに合わせられる重量を選ぶ。9回できれば、次回重量を増やす。

１．サイドレイズ、ウォームアップセット
（トレーニング重量の50％程度で）×10回
２．ショルダープレス、ウォームアップセット
（トレーニング重量の50％程度で）×10回
※1と2の間は可能な限り早く移動する。（休息は入れない）2と3の間に1分間休息
３．サイドレイズ、ウォームアップセット
（トレーニング重量の75％程度で）×5回
４．ショルダープレス、ウォームアップセット
（トレーニング重量の75％程度で）×5回
※3と4の間は可能な限り早く移動する。（休息は入れない）4と5の間に1分間休息
５．サイドレイズ、トレーニングセット
トレーニング重量×限界までプラス1～3回フォーストレップ（補助）を行なった後、6～10秒の休息をし、再び限界まで動作を行い、補助の力を最小限借りて1～3回行なう。
※5と6の間は可能な限り早く移動する。（休息は入れない）

トライセプスプレスダウン

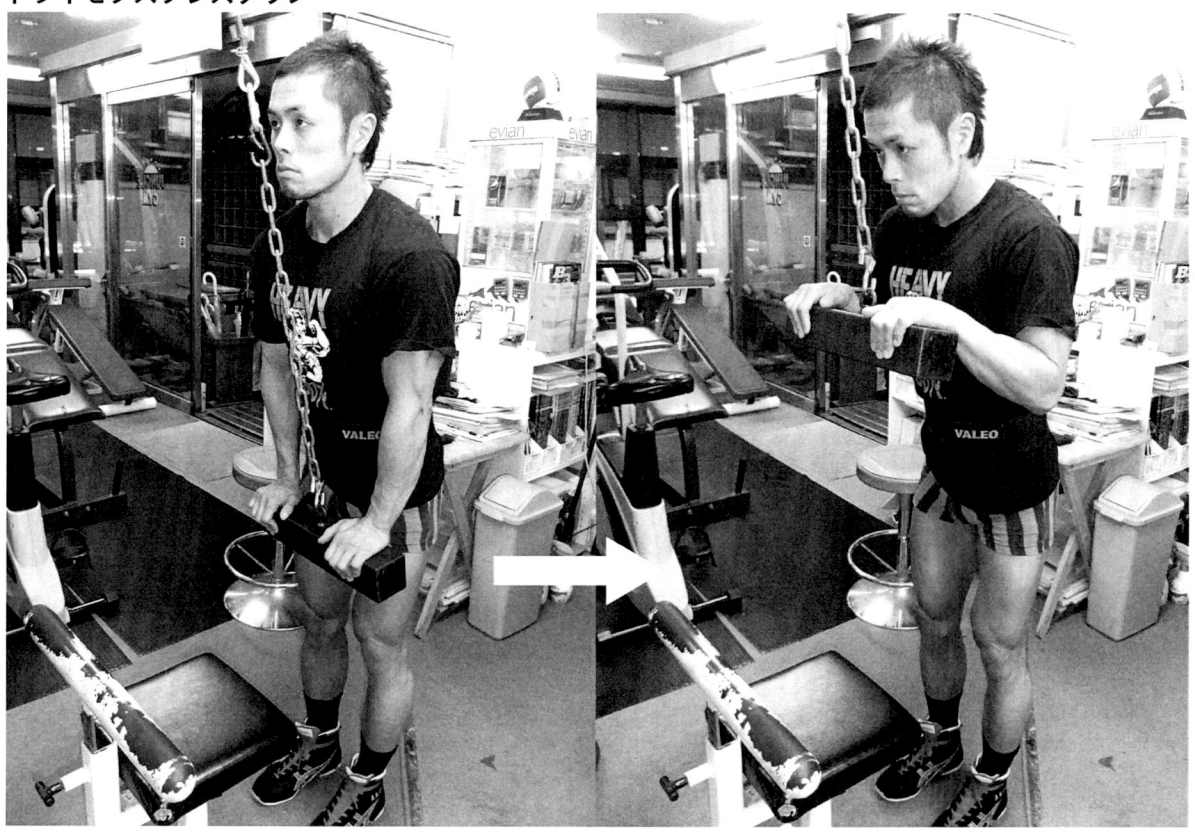

マシンナロウグリッププレス

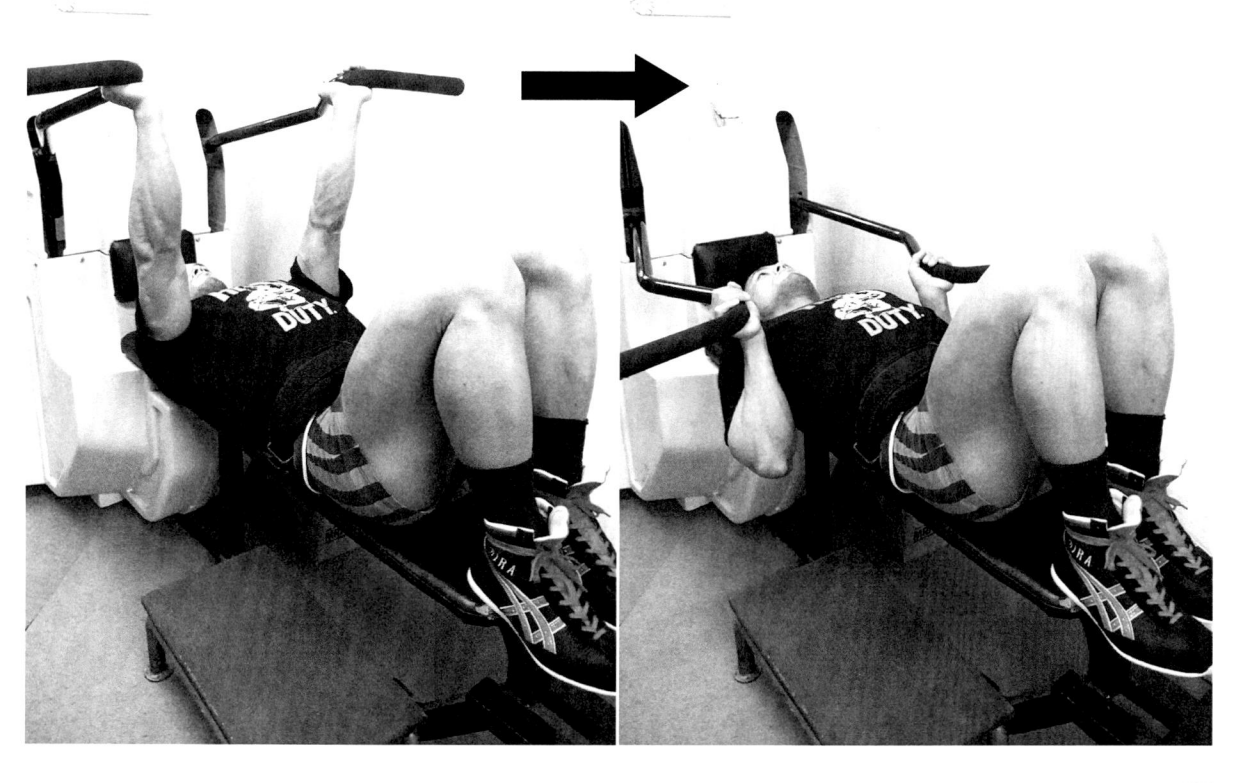

6．ショルダープレス、トレーニングセット

トレーニング重量×限界までプラス1〜3回フォーストレップ（補助）を行なった後、6〜10秒の休息をし、再び限界まで動作を行ったあと、補助の力を最小限借りて1〜3回行なう。※6と7の間は呼吸が整うまで休息。

7．バーベルツーハンドカール、ウォームアップセット

（トレーニング重量の50％程度で）×10回

※7と8の間に1分間休息

8．バーベルツーハンドカール、ウォームアップセット

（トレーニング重量の75％程度で）×5回

※8と9の間に1分間休息

9．バーベルツーハンドカール、トレーニングセット

トレーニング重量×限界までプラス1〜3回フォーストレップ（補助）を行なった後、6〜10秒の休息をし、再び限界まで動作を行い、補助の力を最小限借りて1〜3回行なう。
絶対に身体が反らないように注意すること！

※9と10の間は呼吸が整うまで休息。

10．トライセプスプレスダウン、ウォームアップセット

（トレーニング重量の50％程度で）×10回

11．ナロウグリッププレス、ウォームアップセット

（トレーニング重量の50％程度で）×10回

※10と11の間は可能な限り早く移動する。（休息は入れない）11と12の間に1分間休息

12．トライセプスプレスダウン、ウォームアップセット

（トレーニング重量の75％程度で）×5回

13．ナロウグリッププレス、ウォームアップセット

（トレーニング重量の75％程度で）×5回

※12と13の間は可能な限り早く移動する。（休息は入れない）13と14の間に1分間休息

14．トライセプスプレスダウン、トレーニングセット

トレーニング重量×限界までプラス1〜3回フォーストレップ（補助）を行なった後、6〜10秒の休息をし、再び限界まで動作を行い、補助の力を最小限借りて1〜3回行なう。

※14と15の間は可能な限り早く移動する。（休息は入れない）

15．ナロウグリッププレス、トレーニングセット

トレーニング重量×限界までプラス1〜3回フォーストレップ（補助）を行なった後、6〜10秒の休息をし、再び限界まで動作を行ったあと、補助の力を最小限借りて1〜3回行なう。

第2章：ヘビーデューティーマインド『実践編』

第5節
ヘビーデューティーマインド実践編Ⅴ
腹部のトレーニング

　ボディビルダーたちがコンテストステージに並んだ瞬間、アウトラインと同様、審査員や観客の目を引くのはやはり腹部の筋肉の発達とそのカットではないだろうか？そうコンテストでより上位の成績を収めるために、腹部は非常に重要なパートなのである。今回はヘビーデューティートレーニングでマイク・メンツァーが腹部のトレーニングについてどのように考え、そしてどのような種目を選択したかを考え、紹介していこうと思う。まず最初に、疑問を持った読者もいたかもしれないが、前回までに掲載された3分割メニューの中に、なぜ腹部のトレーニングが入っていなかったかについてなのだが、腹部は他の部位のトレーニングでも非常に強いストレスを受けている事が多く、（例えば高重量のトライセプスプレスダウンは腹部にかなり強い緊張を強いるだろう）オーバーワークの危険性やトレーニングの効率性を重視するマイク・メンツァーの場合には、特にメニューに加えない事が多いのである。実際僕のクライアントの場合でも、腹部のエクササイズを一切行なわず、コンテストでも一際目立つ腹筋の持ち主がいるのだ。しかし、トレーニングを一定期間続けていく中で、腹部の発達に特に遅れを感じるような場合には、3分割メニューの何れか1日に腹部のメニューを加えても良いだろう。一般的な腹部のトレーニングを見ていく場合、（もしくは紹介されている場合）非常に高頻度でしかも高回数である場合が多いのではないだろうか。腹筋は毎日トレーニングした方が良いとか、中には一回のトレーニングで20セット、30セット行なう人もいるだろうし、1セットに100回、200回繰り返しシットアップを行なうボディビルダーも稀ではない。しかし腹部においても、マイクは特別なパートであるとは考えてはいない。ハイインテンシティトレーニングで行なう他の部位のトレーニング同様の、回数設定や強度でトレーニングを行なえば良いわけだ。ブ厚く隆起した溝の深い腹筋を手に入れようと思えば、高頻度、低強度で高回数のトレーニングが得策ではない事は、環境、状況に適応しようとする人間（動物）の特性を考えれば簡単に理解できるだろう。筋に厚みをつけようと思うなら、現在の限界に挑み、そして速筋を刺激するようなトレーニングが最も効率がよく、求められているものでもあるのだ。（ボディビルダーが欲しいのは長時間運動に耐えることができる持久力がある遅筋では無いはずだ。）フルレンジでストリクトな動作、しかも運動中対象の筋が緊張を維持した上で、高重量を使用する事ができれば、コンテストステージでも一際目立つ、ミッドセクションを手に入れる事ができるだろう。

　また、コンテストを間近に控え、腹部のカットを出すために脂肪を燃焼させようと必死の思いで高回数の腹部のエクササイズを行なうボディビルダーも多いだろう。しかしこのような努力は無駄に終わるばかりか、オーバーワークを招く事態を起こしかねない。冷静に判断してもらえば簡単にわかる事だが、他の部位は絞りが甘く、腹部だけがバリバリのカットを見せるボディビルダーは存在しないのである。腹部にカットを見せていくためには、エネルギーの収支（飲食で得られるエネルギーと、運動・生活で消費するエネルギーの収支）を正確に把握しコントロールすることが、ステージ上でライバル達に差をつけるミドルセクションを手に入れる方法であり、それが正に王道なのである。

●腹部のトレーニング
①ノーチラスアブドミナルマシン（レギュラーポジション）又は
②ノーチラスアブドミナルマシン（クランチポジション）＆レッグレイズ（徒手抵抗）
※ここに紹介する徒手抵抗とは、手で負荷をかける運動を意味します。筋はそのポジションによって出力に変化があり、従来のトレーニングでは、フルレンジモーションで運動を行なおうと思えば、出力の一番低いレベルに重量を合わせなければならないという欠点を持っていた。徒手抵抗のテクニックを身につけたトレーニングパートナーやトレーナーがいれば、特別なマシンが無くても、可変負荷抵抗運動（ノーチラスマシンに代表されるような可動域によって負荷が変化する運動）を行なう事が可能になり、その問題が解消される。

①腹筋の種目はノーチラスアブノミナルマシン（レギュラーポジション）この種目のみである。まず補助者に最大収縮ポジションまで持ってきてもらい、（胴体で身体が二つ折れになった状態）ホールド２秒、ネガティブ４秒、ポジティブ４秒を等速で（電子メトロノームを使う）しかも勢いをつけずに動作する。反復運動しポジティブの限界を向かえたところで、１～３回補助者が最小限の補助を行う。６秒から10秒呼吸を整えた後、（レストポーズと言われるテクニック）再び補助者に最大収縮ポジションまで持ってきてもらい、ホールド２秒、ネガティブ４秒、ポジティブ４秒を等速運動で連続して行なう。再びポジティブの限界に達したら、補助者に１～３回最小限の力を借りて動作を続ける。上体を倒す時（腹筋が収縮）にはマットをロール状に巻いていくイメージで動作を行なう。正確に動作を行う事ができれば、運動停止状態に追い込む事が可能になる。稀に腰背部に痛みを感じるクライアントもいるが、その場合は②の組み合わせをおこなって欲しい。

アブドミナルマシン（レギュラーポジション）

アブドミナルマシン（クランチポジション）

レッグレイズ

②腰背部に痛みを感じる場合は、まずノーチラスアブドミナルマシンで腹筋の上部に刺激を与え、十分休息をとった後、レッグレイズ（徒手抵抗）で腹筋下部に刺激を与える。アブドミナルマシン（クランチポジション）と（レギュラーポジション）の違いは、足の位置にある。レギュラーポジションでは足が固定されているために、動作に腸腰筋が関与し、腰部に痛みを訴える場合もあるが、クランチポジションにすることで腸腰筋の緊張が軽減され解消される事が多い。但し、同時に腹筋下部への緊張も軽減されるため、下部を刺激するレッグレイズを加えて欲しい。まずアブドミナルマシン（クランチポジション）は補助者に最大収縮ポジションまで持ってきてもらい、（胴体で身体が二つ折りになった状態）ホールド2秒、ネガティブ4秒、ポジティブ4秒を等速で（電子メトロノームを使う）しかも勢いをつけずに動作する。反復運動しポジティブの限界を向かえたところで、1〜3回補助者が最小限の補助を行う。6秒から10秒呼吸を整えた後、（レストポーズと言われるテクニック）再び補助者に最大収縮ポジションまで持ってきてもらい、ホールド2秒、ネガティブ4秒、ポジティブ4秒を等速運動で連続して行なう。再びポジティブの限界に達したら、補助者に1〜3回最小限の力を借りて動作を続ける。休息後続いてレッグレイズを行なう。補助者に最大収縮ポジションまで持ってきてもらい、（両足が軽く曲がった状態で、膝がウエストに近づいたポジション）ネガティブ4秒、ポジティブ4秒を等速で（電子メトロノームを使う）しかも勢いをつけずに動作する。トレーニーの筋力が強い場合は最初のレップから抵抗を加える。反復運動しポジティブの限界を向かえたところで、1〜3回補助者が最小限の補助を行う。6秒から10秒呼吸を整えた後、（レストポーズと言われるテクニック）再び補助者に最大収縮ポジションまで持ってきてもらい、ネガティブ4秒、ポジティブ4秒を等速運動で連続して行なう。再びポジティブの限界に達したら、補助者に1〜3回最小限の力を借りて動作を続ける。どちらの種目も緊張が抜けやすいので、動作中緊張を維持することに専念する。正確に動作を行なう事ができれば、運動停止状態に追い込む事が可能になる。

ケーブルクランチ

ケーブルクランチ
　アブドミナルマシンがジムに無い場合には、ラットマシンやケーブルで代用する事もできる。写真のようにロープやひもを使って動作を行なおう。この場合上体を起こしたポジションで過度に身体を反らせず、むしろ軽くあごを引いた状態で動作を行なう事で腹部の緊張を維持しやすい。

●トレーニング重量と回数の目安
　ノーチラスアブドミナルマシン（レギュラーポジション）は4回～8回正確な動作で、しかもメトロノームのテンポに合わせられる重量を選ぶ。8回できれば、次回重量を増やす。
　ノーチラスアブドミナルマシン（クランチポジション）は4回～8回正確な動作で、しかもメトロノームのテンポに合わせられる重量を選ぶ。8回できれば、次回重量を増やす。
　レッグレイズ（徒手抵抗）は5回～9回正確な動作で、しかもメトロノームのテンポに合わせられる補助者の抵抗とサポートで動作を行なう。
パターン①
1．アブドミナルマシン（レギュラーポジション）ウォームアップセット
（トレーニング重量の50％程度で）×10回
2．アブドミナルマシン（レギュラーポジション）ウォームアップセット
（トレーニング重量の75％程度で）×5回
3．アブドミナルマシン（レギュラーポジション）トレーニングセット
トレーニング重量×限界までプラス1～3回フォーストレップ（補助）を行なった後、6～10秒の休息をし、再び限界まで動作を行い、補助の力を最小限借りて1～3回行なう。
※1と2の間、2と3の間は1分間休息
パターン②
1．アブドミナルマシン（クランチポジション）ウォームアップセット
（トレーニング重量の50％程度で）×10回
2．アブドミナルマシン（クランチポジション）ウォームアップセット
（トレーニング重量の75％程度で）×5回
3．アブドミナルマシン（レギュラースタンス）トレーニングセット
トレーニング重量×限界までプラス1～3回フォーストレップ（補助）を行なった後、6～10秒の休息をし、再び限界まで動作を行い、補助の力を最小限借りて1～3回行なう。
4．レッグレイズ（徒手抵抗）
ウォームアップは特に行なわず、トレーニングセットに入る。補助者はメトロノームのカウントに合わせ、ポジティブ、ネガティブ共に4秒で動作が行なえるように負荷、又はサポートを加える。
※1と2の間、2と3の間、3と4の間は1分間休息

第6節

ヘビーデューティーマインド実践編Ⅵ
上級者のトレーニング①

　前回までに紹介してきたトレーニングをこなす事ができるようになってくれば、次の段階のトレーニングに進む事ができるだろう。強度の高いトレーニングをおこなうためには、高い集中力や目的意識が必要な事は既に書いてきたとおりだが、あなた方が次の段階に進むためには更に高い集中力が要求される。そして強度があがればトレーニングにおける筋肉へのダメージも更に大きくなり、休息期間を更に増やす必要性も出てくるだろう。あまりにも強度が高いために、マイク・メンツァーは彼の指導の中で毎回行う事を禁止したトレーニング方法。ネガティブにフォーカスしたトレーニングを今回は解説しよう。
「ネガティブトレーニングなら知ってるよ」という読者も多いかもしれないが、マイクが言うネガティブトレーニングとは、本当の意味でネガティブ出力の限界に挑むトレーニングである。ここでもう一度、筋出力のレベルについて復習しよう。

筋出力の3つのレベル　ポジティブ＜スタティック＜ネガティブ

　筋出力には3つのレベルがあり、出力レベルは次のようになる。ポジティブ（筋が短くなりながら力を発揮する方向）＜スタティック（筋の長さは変化せず力を発揮する）＜ネガティブ（筋が長くなりながら力を発揮する方向）つまりアームカールを例に挙げると、バーベルを巻き上げる方向がポジティブであり発揮される力が最も弱く、次にスタティック、（静止）そして最も出力が強いのがネガティブとなる。従来のトレーニングであれば出力の最も弱いポジティブに負荷をあわせなければトレーニングができないが、特にネガティブにフォーカスしたトレーニングでは最初のレップ（回）から最大出力でトレーニングを行なうことが可能になり、全てのレンジ（角度）で最大負荷をかけることが可能となる。では、具体的にどうすれば良いか、実はとても簡単。それは前回少しだけ紹介した徒手抵抗（マニュアルレジスタンス）をかけるのである。筋の出力形態に対し最も科学的に考えられたノーチラスマシンに代表される可変負荷抵抗のカムを搭載するマシンでは、全てのレンジに適切な負荷をかけることが可能になるよう考えられている。だがそれもポジティブ方向の出力に合わせてということであり、ネガティブ方向では負荷は（筋出力に対して）どうしても弱くなってしまう。この弱点を克服するために考えられたのが徒手抵抗を加えたトレーニングテクニックだ。

　再びアームカールを例に挙げれば、補助者がトレーニーの最大収縮ポジション（肘が最も曲がったポジション）までウェイトを持ってきたら、トレーニーは全力で負荷（バーベル）が下がらないように抵抗する。補助者はトレーニーの力や表情を見ながら負荷をかけてゆき、ゆっくり引き下がるように抵抗をかけて行く。バーベルがボトムポジション（最も低い位置）になったら、再び最大収縮ポジションにゆっくり戻っていくように負荷又はサポートをかける。その間トレーニーはどのレンジにおいても筋を最大に収縮させていくイメージを持ち続けるのである。つまり、ネガティブにおいては全力で負荷に抵抗するにもかかわらず肘が伸びて行く状態を作るわけだ。これが本当の意味でのネガティブレベルの負荷をかけた最高強度のトレーニングなのである。フ

ルレンジモーションでストリクトな動作をキープすること、そして動作中に最大限に力を常に入れ続けることができれば、対象の筋は非常に高い収縮がおこり、とても効率良く筋をオールアウトすることができる。前述のようにこの方法は強度が高いトレーニングであるので、毎回のトレーニングでは行なってはならないとマイクは言っている。2回に1回、それでもオーバートレーニングになる場合は4回に1回で十分だろう。もしも毎回行なってもオーバートレーニングにならないのなら、負荷が適切に対象の筋にかかっていないのである。

ネガティブをフォーカスした種目『胸』

①ペックデッキフライ（徒手抵抗を加えた）

　ペックデッキフライは補助者に最大収縮ポジションまで持ってきてもらい、（腕が閉じた位置）ネガティブ4秒、ポジティブ4秒を等速で（電子メトロノームを使う）しかも姿勢を崩さずに動作する。この間トレーニーは全力で負荷に対し抵抗し（パッドを閉じ続ける）補助者は等速で動作が行なわれるように負荷、又は補助を入れる。ネガティブの限界を向かえたところで（筋の力が抜けてしまい、ウェイトをコントロールできなくなった状態）6秒から10秒呼吸を整えた後、（レストポーズと言われるテクニック）再び補助者に最大収縮ポジションまで持ってきてもらい、ネガティブ4秒、ポジティブ4秒を等速運動で上記のように連続して行なう。

②チェストプレス（徒手抵抗を加えた）

　チェストプレスは補助者に最大収縮ポジションまで持ってきてもらい、（腕が伸びた位置）ネガティブ4秒、ポジティブ4秒を等速で（電子メトロノームを使う）しかも姿勢を崩さずに動作する。この間トレーニーは全力で負荷に対し抵抗し（バーを上に押し続ける）補助者は等速で動作が行なわれるように負荷、又は補助を入れる。ネガティブの限界を向かえたところで（筋の力が抜けてしまい、ウェイトをコントロールできなくなった状態）6秒から10秒呼吸を整えた後、（レストポーズと言われるテクニック）再び補助者に最大収縮ポジションまで持ってきてもらい、ネガティブ4秒、ポジティブ4秒を等速運動で上記のように連続して行なう。
※非常に強度が高いトレーニングのため、スーパーセットの場合、どちらか1種目のみを採用する事。

●トレーニング重量と回数の目安

　ペックデッキフライは5回〜9回正確な動作で、しかもメトロノームのテンポに合わせられる負荷を設定する。9回ネガティブでコントロールできれば、次回重量を増やす。
　マシンチェストプレスは5回〜9回正確な動作で、しかもメトロノームのテンポに合わせられる負荷を設定する。9回ネガティブでコントロールできれば、次回重量を増やす。

胸の上級者トレーニング例（スーパーセットで採用する場合）
1．ペックデッキフライ、ウォームアップセット
（トレーニング重量の50％程度で）×10回
2．マシンチェストプレス、ウォームアップセット
（トレーニング重量の50％程度で）×10回
※1と2の間は可能な限り早く移動する。（休息は入れない）2と3の間に1分間休息
3．ペックデッキフライ、ウォームアップセット
（トレーニング重量の75％程度で）×5回

ペクデッキフライ

マシンチェストプレス

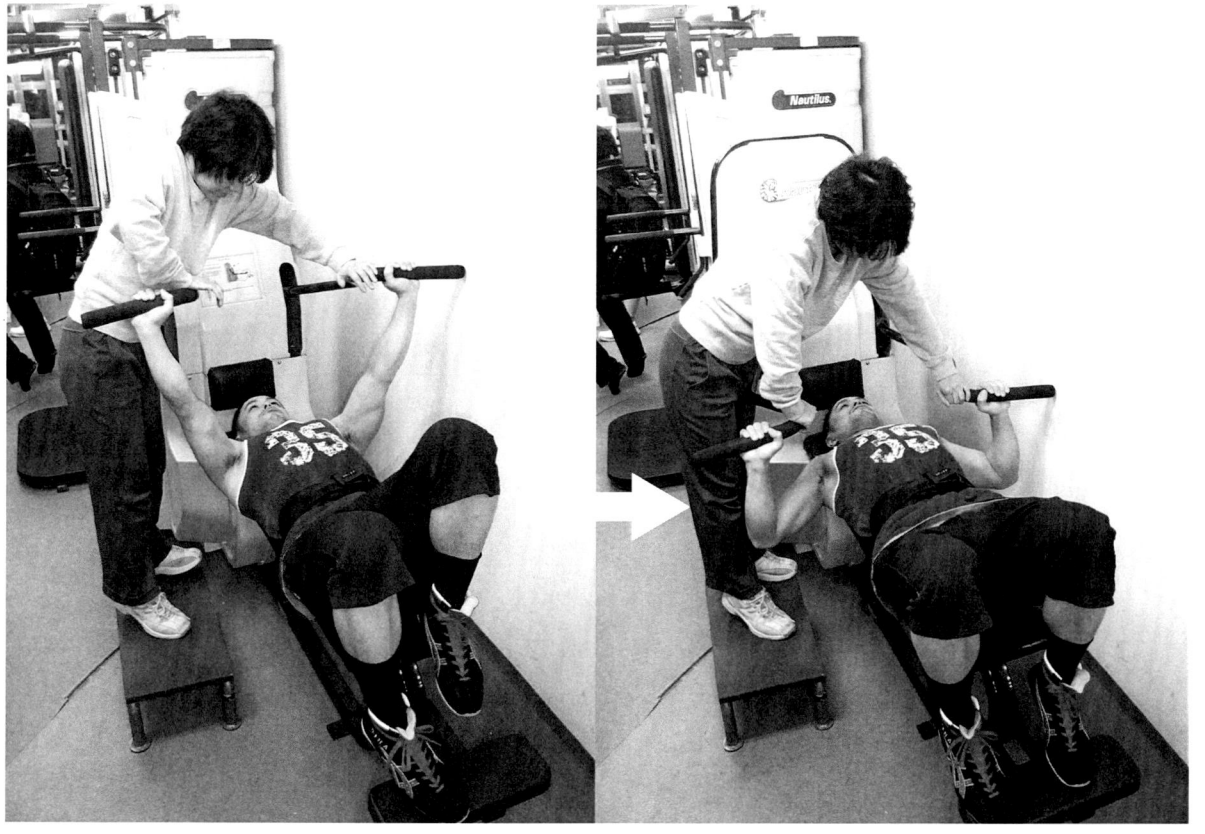

４．マシンチェストプレス、ウォームアップセット
（トレーニング重量の75％程度で）×5回
※3と4の間は可能な限り早く移動する。（休息は入れない）4と5の間に1分間休息
５．ペックデッキフライ、トレーニングセット
トレーニング重量×限界まで、1～3回フォーストレップ（補助）を行なった後、6～10秒の休息をし、再び限界まで動作を行い、補助の力を最小限借りて1～3回行なう。
※5と6の間は可能な限り早く移動する。（休息は入れない）
６．マシンチェストプレス（徒手抵抗を加えて）トレーニングセット
トレーニング重量に補助者が抵抗を加えトレーニーはそれに全力で抵抗する。ネガティブの限界を向かえたところまで（5～9回で限界をむかえるように負荷抵抗を調整する）動作を行なった後、6～10秒の休息をし、再びネガティブの限界まで（1～3回）動作を行なう。

ネガティブをフォーカスした種目『背中』

①スーパープルオーバー又はストレートアームプルオーバー
　スーパープルオーバー（ストレートアームプルオーバー）は補助者に最大収縮ポジションまで持ってきてもらい、（腕が下りて、太ももにバーが当たっている位置）ネガティブ4秒、ポジティブ4秒を等速で（電子メトロノームを使う）しかも姿勢を崩さずに動作する。この間トレーニーは全力で負荷に対し抵抗し（バーを下ろし続ける）補助者は等速で動作が行なわれるように負荷、又は補助を入れる。ネガティブの限界を向かえたところで（筋の力が抜けてしまい、ウェイトをコントロールできなくなった状態）6秒から10秒呼吸を整えた後、（レストポーズと言われるテクニック）再び補助者に最大収縮ポジションまで持ってきてもらい、ネガティブ4秒、ポジティブ4秒を等速運動で上記のように連続して行なう。

②リバースグリッププルダウン
リバースグリッププルダウンは補助者に最大収縮ポジションまで持ってきてもらい、（肘が曲がりバーが胸に近づいた位置）ネガティブ4秒、ポジティブ4秒を等速で（電子メトロノームを使う）しかも姿勢を崩さずに動作する。この間トレーニーは全力で負荷に対し抵抗し（バーを下ろし続ける）補助者は等速で動作が行なわれるように負荷、又は補助を入れる。ネガティブの限界を向かえたところで（筋の力が抜けてしまい、ウェイトをコントロールできなくなった状態）6秒から10秒呼吸を整えた後、（レストポーズと言われるテクニック）再び補助者に最大収縮ポジションまで持ってきてもらい、ネガティブ4秒、ポジティブ4秒を等速運動で上記のように連続して行なう。

③Tバーロー又はロープーリー
背中の種目でデッドリフトは徒手抵抗をかけにくいのでジャングルジムではTバーローを採用している。Tバローorロープーリーは補助者に最大収縮ポジションまで持ってきてもらい、（肘が曲がりバーが腹に近づいた位置）ネガティブ4秒、ポジティブ4秒を等速で（電子メトロノームを使う）しかも姿勢を崩さずに動作する。この間トレーニーは全力で負荷に対し抵抗し（バーを引き続ける）補助者は等速で動作が行なわれるように負荷、又は補助を入れる。ネガティブの限界を向かえたところで（筋の力が抜けてしまい、ウェイトをコントロールできなくなった状態）6秒から10秒呼吸を整えた後、（レストポーズと言われるテクニック）再び補助者に

スーパープルオーバー

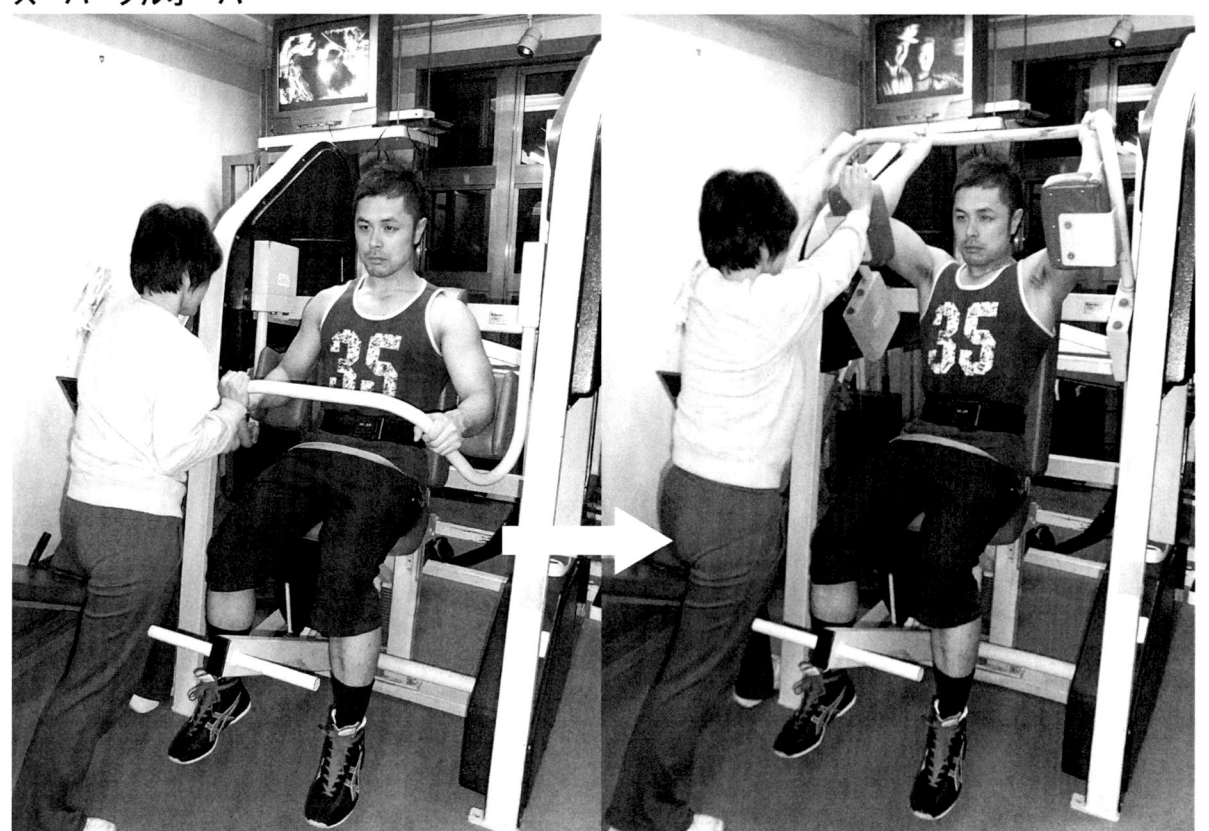

ストレートアームプルオーバー

リバースグリッププルダウン

最大収縮ポジションまで持ってきてもらい、ネガティブ4秒、ポジティブ4秒を等速運動で上記のように連続して行なう。Tバーローの方が補助者は負荷をコントロールしやすいが、Tバーローが無い場合はロープーリーで代用する事も可能である。

※非常に強度が高いトレーニングのため、背中の種目で採用する場合は、いずれか1種目のみを採用する事。

● トレーニング重量と回数の目安

　スーパープルオーバーは5回〜9回正確な動作で、しかもメトロノームのテンポに合わせられる負荷を設定する。9回ネガティブでコントロールできれば、次回重量を増やす。

　リバースグリッププルダウンは5回〜9回正確な動作で、しかもメトロノームのテンポに合わせられる負荷を設定する。9回ネガティブでコントロールできれば、次回重量を増やす。

　Tバーロー又はロープーリーは5回〜9回正確な動作で、しかもメトロノームのテンポに合わせられる負荷を設定する。9回ネガティブでコントロールできれば、次回重量を増やす。

背中の上級者トレーニング例（デッドリフトの代わりに採用する場合）
1．スーパープルオーバー、ウォームアップセット
（トレーニング重量の50％程度で）×10回
2．リバースグリッププルダウン、ウォームアップセット
（トレーニング重量の50％程度で）×10回

Tバーロー

ロープーリー

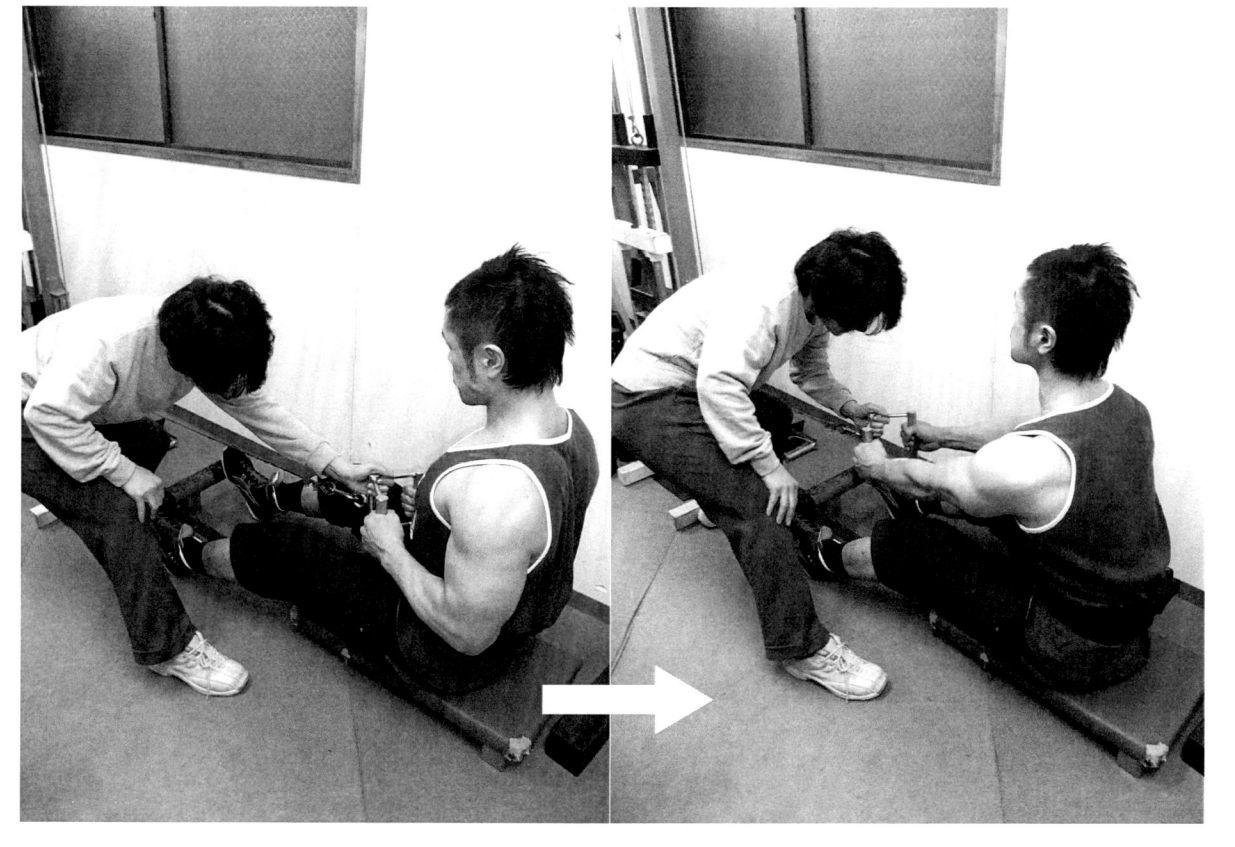

第2章：ヘビーデューティーマインド『実践編』

※1と2の間は可能な限り早く移動する。（休息は入れない）2と3の間に1分間休息

3．スーパープルオーバー、ウォームアップセット

（トレーニング重量の75％程度で）×5回

4．リバースグリッププルダウン、ウォームアップセット

（トレーニング重量の75％程度で）×5回

※3と4の間は可能な限り早く移動する。（休息は入れない）4と5の間に1分間休息

5．スーパープルオーバー、トレーニングセット

トレーニング重量×限界までプラス1～3回フォーストレップ（補助）を行なった後、6～10秒の休息をし、再び限界まで動作を行い、補助の力を最小限借りて1～3回行なう。

※5と6の間は可能な限り早く移動する。（休息は入れない）

6．リバースグリッププルダウン、トレーニングセット

トレーニング重量×限界までプラス1～3回フォーストレップ（補助）を行なった後、6～10秒の休息をし、再び限界まで動作を行い、補助の力を最小限借りて1～3回行なう。

※6と7の間は呼吸が整うまで休息。

7．Tバーロー、ウォームアップセット

（トレーニング重量の50％程度で）×10回

※7と8の間に1分間休息

8．Tバーロー、ウォームアップセット

（トレーニング重量の75％程度で）×5回

※8と9の間に1分間休息

9．Tバーロー（徒手抵抗を加えて）トレーニングセット

トレーニング重量に補助者が抵抗を加えトレーニーはそれに全力で抵抗する。ネガティブの限界を向かえたところまで（5～9回で限界をむかえるように負荷抵抗を調整する）動作を行なった後、6～10秒の休息をし、再びネガティブの限界まで（1～3回）動作を行なう。

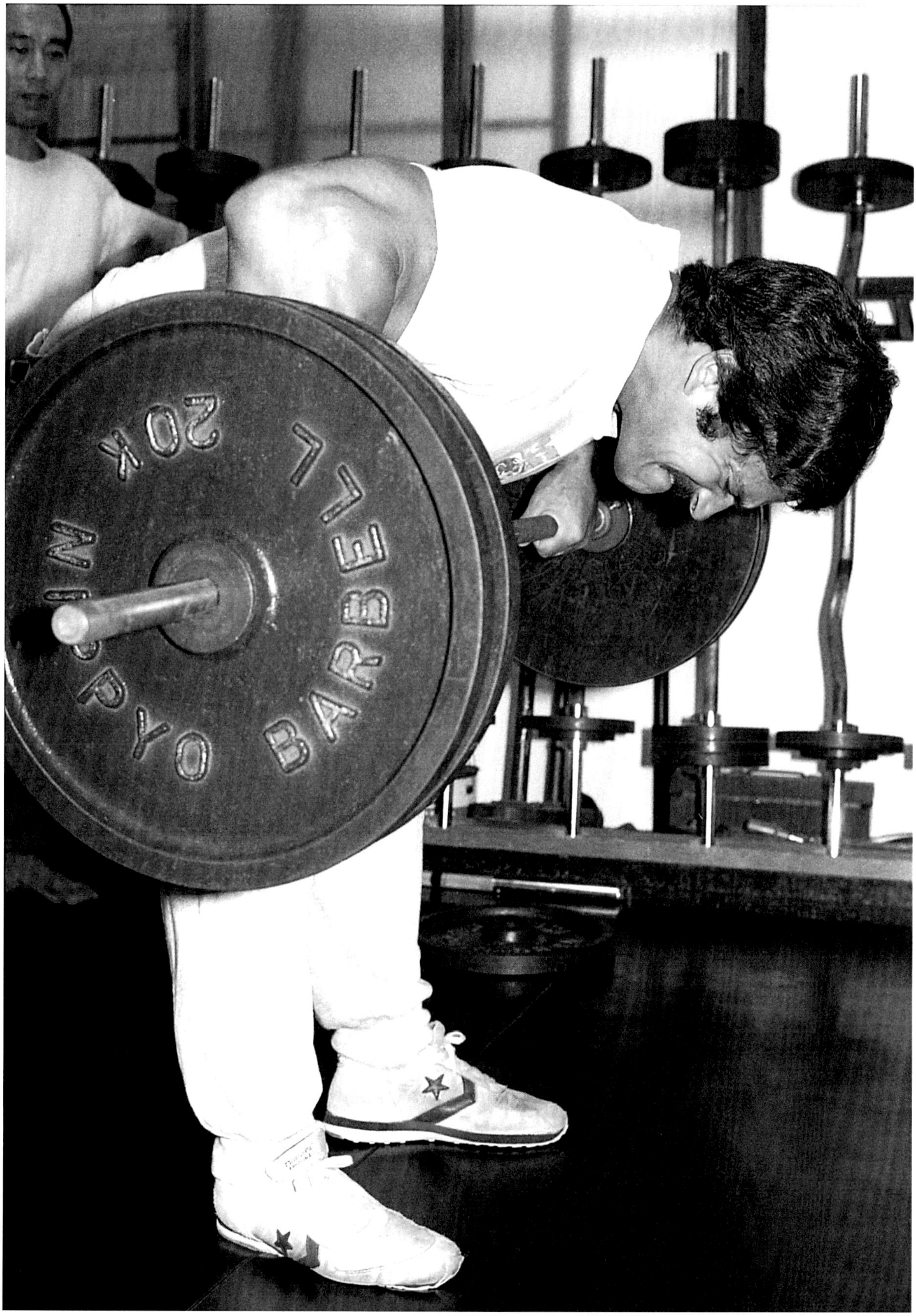
BARBELL 20K

第7節

ヘビーデューティーマインド実践編Ⅶ
上級者のトレーニング②

　前回に引き続き、今回もネガティブにフォーカスしたトレーニングを紹介する。前回にも書いた事だが、ここに書いている通りに行なえば、非常に強度の高いトレーニングになるので、くれぐれもオーバートレーニングにならないよう注意して欲しい。そしてこのトレーニングを安全に行なうためには、フォームの重要性について今一度考えてもらいたい。

安全でしかも負荷の逃げないコースを見つける

　理論編でで「効きやすいという事と素質との関連性を考える」という見出しで、筋量増加のためのフォーム獲得に関連したことを書いたが、今回は高強度でトレーニングをするためにという観点から考えてみようと思う。

　まず高強度トレーニングを行なうためには、心理的、物理的な不安を取り除かなければならない。つまり、このコースこの範囲で運動を行なう限りは、怪我を起こす不安がまず無いだろうという位置や軌道を見つけることが最優先になる。意識のレベルでも無意識のレベルでも安全が保障されているからこそ最大限の出力で運動が行なわれるのだ。

　通常セットの前半は筋力的にも余裕があるので（今回紹介するような上級者トレーニングでは、最初のレップから高い集中力が必要だが）比較的安全だが、後半に向かうにつれて、無意識的に負荷を分散させ、回数を重ねようとしてしまうトレーニーが多い。当然フォームは崩れ、対象の筋にかける負荷が弱まるばかりか、怪我を起こす要因にもなるのである。では、どうすれば良いのか？それは反復練習を行なう事、そして反復練習の際には、身体感覚に意識をフォーカスし、対象の筋肉がどのように動いているのかを、自分のイメージと繰り返し合わせていく作業が必要となる。最初は大雑把な筋の動きしか感じられなくとも、何度も繰り返している間に細部の筋に至るまで意識ができていくものである。反復練習で高度な身体感覚を獲得するためには、主に3のポイントがある。

①言葉や映像から入ってきた情報はガイドラインとし、自分の身体の感覚に意識を向け、どのように身体が、筋肉が関節が感じているかを丁寧に見ていく。

　我々が、動作を習得する際に言葉や映像で得た情報を手本に動作を真似ることが一般的だと思われるが、あくまでもそれは手本に過ぎない。身体感覚に意識を向ければ、身体は既に力が入るポジションを知っているはずだし、安全な方向も知っている。教科書的なフォームにこだわり過ぎれば、むしろ怪我を起こす要因にもなりかねない。細かな調整をする場合（グリップやスタンスなど）にも注意が必要だ、フォーム改善を行なう場合、よくグリップだけを変えてとか、スタンスだけを変えてとか行なわれるようだが、一部分が変れば全体の重心や各関節の理想の角度も必然的に変るはずである。人体の構造を分解して考えるのではなく、全体として考え

る事が必要で、そうするために一番頼りになるのが、自らの身体感覚なのである。

②人体の構造を知り、イメージと動作を連動させる。
　人体の骨や筋肉の構造を知る事もまた、より繊細な筋肉のコントロールを獲得するためには必要な作業である。頭の中で筋肉がどのように動くかイメージすることができるようになれば、身体感覚の詳細な部分までも意識できるようになるのだ。発達しやすい部位は、『効きやすい』という感覚は皆持っていると思うが、全てのパートをそのような『効きやすい』部位にするためには、上記のような、運動しながら構造をイメージする事が近道になるだろう。右利きの人ならば、全身が右手の指先の感覚のようにコントロールができるようになる事が目標だと言えば大袈裟か。

③とにかく反復練習
　本来運動動作はその人にとって効率の良いプログラムが長い年月をかけて学習され取り入れられていると考えられる。効率良く筋力を発揮するためには、できるだけ力をたくさんの部位に分散し、より多くの筋を動員したほうが有利なわけだ。しかしボディビルの場合それは大きな問題となる。例えば上腕二頭筋を鍛えようとバーベルカールを行う場合、効率を優先させるような動作がプログラムされていると、ターゲットの筋以外の肩や胸、上背部や脚の筋まで分散して運動を行う事になるわけだから、肝心の上腕二頭筋をオールアウトさせる事はとても難しくなるだろう。ではどうすれば、ターゲットの筋をオールアウトさせることができるだろうか？答えは簡単。人間の脳はとても性能が良くて、あえて非効率的だと思われるプログラムも何度も繰り返し学習すること（素振り）でプログラムを書き換えることができるのだ。だけど一つだけ注意点がある。マズイ素振りは上達するどころか、やればやるほど下手になってしまう。筋肉の発達に効果的な運動動作のプログラムを獲得するためには一回一回の目的にかなった「素振り」が重要なのだ。

筋発達のために、効率的なフォーム獲得を目指した「素振り」練習の提案

１．ウォーミングアップの時間を利用して、エアロバイクやウォーキング、ランニング等の変わりに「素振り」を行う。（ここで言う素振りとは特に発達し難い種目での動作の反復練習）
２．フォームの獲得が目的だから、筋疲労をおこさない程度で行うこと。
３．頻度は週に２回〜３回以上が理想的と思われる。イメージトレーニングも効果的。
（上記の方法をジムで多数のクライアントに採用した。そしてほとんどのクライアントに筋の反応の改善が現れた。）

　上述のような方法で動作プログラムが獲得されれば、高強度でトレーニングを行なう場合でも、特に意識しなくても負荷が分散される事無く、しかも安全なコースをキープする事ができる。しかし、ハイインテンシティトレーニングの場合、限界超越を目的とするため、簡単にはいかない。毎回のセットで限界に達した時に、対象の筋肉へ高いテンションがかかり続けても挫けない『意志の力』を養う必要があるだろう。回数を増やす事が目的なのではない、対象の筋肉へ自己能力の限界負荷をかける事が目的なのだ。
　極真会館 故 大山倍達総裁が書かれた『自分に勝て！　わが性格改造論』の中でこんな一文を見つけた。

「私は愛弟子たちによく言う。「おまえたち、カラテを身体で覚えろよ！　小理屈抜きに稽古、稽古、稽古に励んで、身体がカラテに馴染みきるまで、カラテを体で覚えこむんだぞ！だが、それだけで終わったら駄目だぞ、体が覚えきったら、今度は頭を使え！頭を使って体が意のままに動けるようにコントロールしなければ駄目だぞ！そのためには良い本、良い文の文字を読み、よく考え、よく味わい、得たものを生かせ！体は鍛えよ、頭は磨け、だ。頭の弱い者は結局、頭の強い者に負けることになるからだ」と。私の言いたいことは、何もガリ勉で暗記して小理屈を並べろという意味ではない。私は「創意工夫」する力をつけるために必要な条件として「頭を磨け！」と言いたいのだ」　故・大山倍達総裁の言葉は、上述したものと非常に共通点が多く、ボディビルダーたちに必要な言葉であると僕は確信している。

ネガティブをフォーカスした種目『肩』

①サイドレイズ（徒手抵抗を加えた）
サイドレイズは補助者に最大収縮ポジションまで持ってきてもらい、（肘が床に対し平行よりやや上の位置）ネガティブ４秒、ポジティブ４秒を等速で（電子メトロノームを使う）しかも姿勢を崩さずに動作する。この間トレーニーは全力で負荷に対し抵抗し（肘のポジションを上に上げ続ける）補助者は等速で動作が行なわれるように負荷、又は補助を入れる。ネガティブの限界を向かえたところで（筋の力が抜けてしまい、ウェイトをコントロールできなくなった状態）６秒から１０秒呼吸を整えた後、（レストポーズと言われるテクニック）再び補助者に最大収縮ポジションまで持ってきてもらい、ネガティブ４秒、ポジティブ４秒を等速運動で上記のように連続して行なう。

②ショルダープレス（徒手抵抗を加えた）
ショルダープレスは補助者に最大収縮ポジションまで持ってきてもらい、（腕が伸びた位置、肘はロックする手前）ネガティブ４秒、ポジティブ４秒を等速で（電子メトロノームを使う）しかも姿勢を崩さずに動作する。この間トレーニーは全力で負荷に対し抵抗し（バーを上に押し続ける）補助者は等速で動作が行なわれるように負荷、又は補助を入れる。ネガティブの限界を向かえたところで（筋の力が抜けてしまい、ウェイトをコントロールできなくなった状態）６秒から１０秒呼吸を整えた後、（レストポーズと言われるテクニック）再び補助者に最大収縮ポジションまで持ってきてもらい、ネガティブ４秒、ポジティブ４秒を等速運動で上記のように連続して行なう。
※非常に強度が高いトレーニングのため、スーパーセットの場合、どちらか１種目のみを採用する事。

●トレーニング重量と回数の目安
徒手抵抗種目
　サイドレイズは５回～９回正確な動作で、しかもメトロノームのテンポに合わせられる負荷を設定する。９回ネガティブでコントロールできれば、次回重量を増やす。
　ショルダープレスは５回～９回正確な動作で、しかもメトロノームのテンポに合わせられる負荷を設定する。９回ネガティブでコントロールできれば、次回重量を増やす。
通常種目
　サイドレイズは４回～８回正確な動作で、しかもメトロノームのテンポ（４秒ネガティブ、２秒スタティック、４秒ポジティブ）に合わせられる負荷を設定する。８回動作ができれば、次回重量を増やす。

サイドレイズ

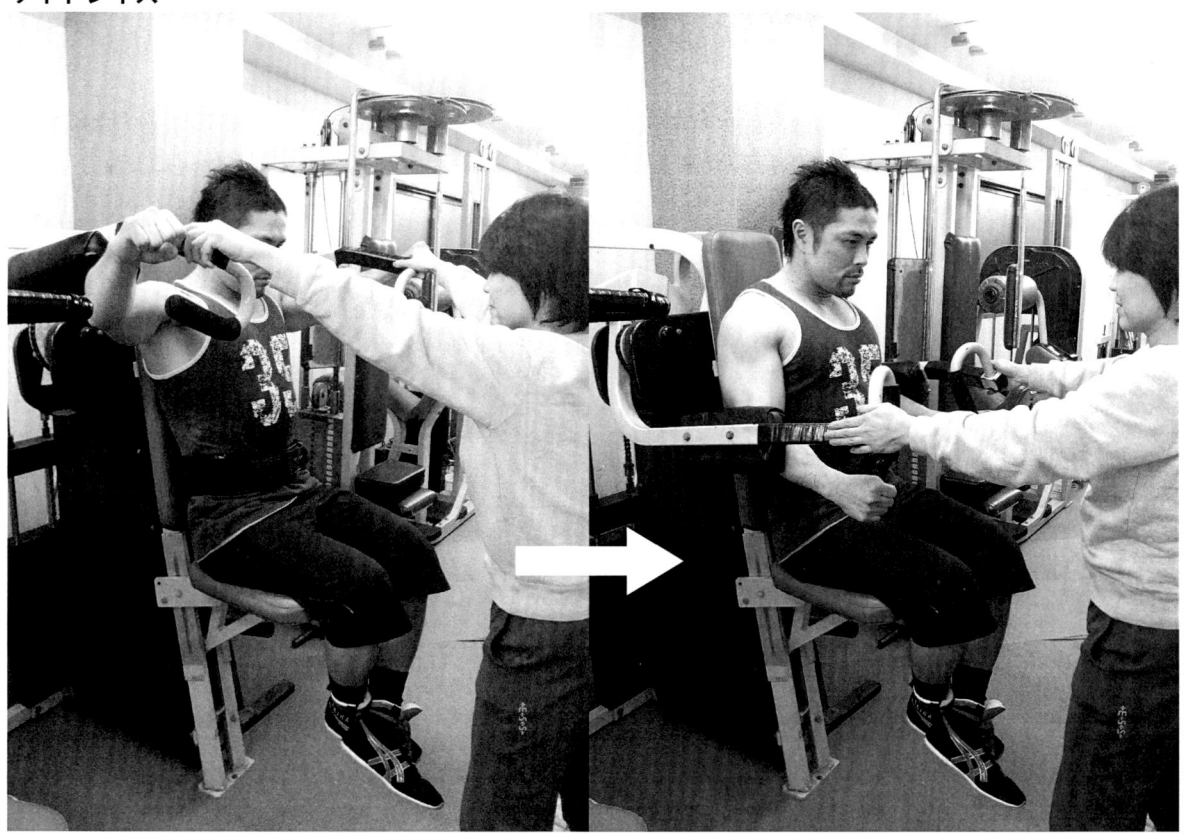

ショルダープレス

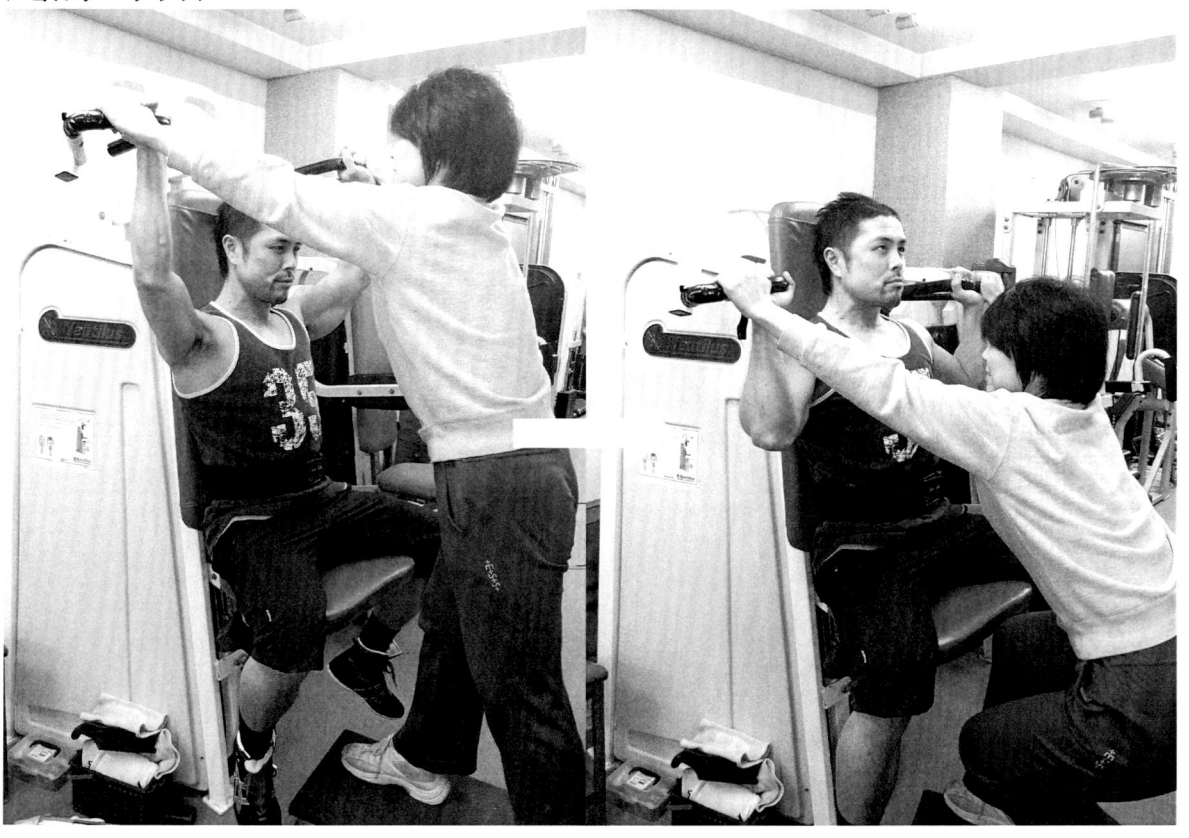

ショルダープレスは5回～9回正確な動作で、しかもメトロノームのテンポ（4秒ネガティブ、4秒ポジティブ）に合わせられる負荷を設定する。9回動作ができれば、次回重量を増やす。

肩の上級者トレーニング例（スーパーセットで採用する場合パターン1）
1．サイドレイズ、ウォームアップセット
（トレーニング重量の50％程度で）×10回
2．ショルダープレス、ウォームアップセット
（トレーニング重量の50％程度で）×10回
※1と2の間は可能な限り早く移動する。（休息は入れない）2と3の間に1分間休息
3．サイドレイズ、ウォームアップセット
（トレーニング重量の75％程度で）×5回
4．ショルダープレス、ウォームアップセット
（トレーニング重量の75％程度で）×5回
※3と4の間は可能な限り早く移動する。（休息は入れない）4と5の間に1分間休息
5．サイドレイズ、（徒手抵抗を加えて）トレーニングセット
トレーニング重量に補助者が抵抗を加えトレーニーはそれに全力で抵抗する。ネガティブの限界を向かえたところまで（5～9回で限界をむかえるように負荷抵抗を調整する）動作を行なった後、6～10秒の休息をし、再びネガティブの限界まで（1～3回）動作を行なう。
6．ショルダープレストレーニングセット
トレーニング重量×限界まで、1～3回フォーストレップ（補助）を行なった後、6～10秒の休息をし、再び限界まで動作を行い、補助の力を最小限借りて1～3回行なう。
※5と6の間は可能な限り早く移動する。（休息は入れない）

肩の上級者トレーニング例（スーパーセットで採用する場合パターン2）
1．サイドレイズ、ウォームアップセット
（トレーニング重量の50％程度で）×10回
2．ショルダープレス、ウォームアップセット
（トレーニング重量の50％程度で）×10回
※1と2の間は可能な限り早く移動する。（休息は入れない）2と3の間に1分間休息
3．サイドレイズ、ウォームアップセット
（トレーニング重量の75％程度で）×5回
4．ショルダープレス、ウォームアップセット
（トレーニング重量の75％程度で）×5回
※3と4の間は可能な限り早く移動する。（休息は入れない）4と5の間に1分間休息
5．サイドレイズ、トレーニングセット
トレーニング重量×限界まで、1～3回フォーストレップ（補助）を行なった後、6～10秒の休息をし、再び限界まで動作を行い、補助の力を最小限借りて1～3回行なう。
6．ショルダープレス（徒手抵抗を加えて）トレーニングセット
トレーニング重量に補助者が抵抗を加えトレーニーはそれに全力で抵抗する。ネガティブの限界を向かえたと

ころまで（5～9回で限界をむかえるように負荷抵抗を調整する）動作を行なった後、6～10秒の休息をし、再びネガティブの限界まで（1～3回）動作を行なう。
※5と6の間は可能な限り早く移動する。（休息は入れない）

第8節

ヘビーデューティーマインド実践編Ⅷ
上級者のトレーニング③

　今回もネガティブにフォーカスしたトレーニングを紹介する。今回紹介する上腕三頭筋のプログラムも、非常に強度が高いトレーニングになっている。肘は特に故障の多い部位である。前回の記事を復習し、安全に動作を行なえる軌道を反復練習によって獲得して欲しい。

　最近セミナーや指導の中でよく受ける質問の中に、このように非常に高い強度でトレーニングを継続的に行なえるものでしょうか？だとか、高強度トレーニングをこれから行なうと思うと非常に気持ちが沈み、逃げ出したくなるというトレーニーも多くいる様で、どうすれば良いかと聞かれる事がある。あなた方がもしも、非常に真面目に高強度トレーニングに取り組んでくれていたならば、トレーニングの強度は日増しにレベルアップし、肉体的にも精神的にも非常にストレスが高まってくるのは当然の事だ。今回は理論編にも書いた方法も含め、高強度トレーニングにうち勝つ方法を紹介しよう。

目標の明確化と設定

　人間という者は、自己にとって大きな意味を持つことであれば、どんな過酷な困難も乗り越えられる生き物であると、ある哲学者が言ったように、自らの行動に何かしらの意義を見出す事さえできれば、チャレンジし続けることも可能になるのである。その逆に何の意味も見出せないような事柄に関しては、興味は徐々に消えうせ、やがて見向きもしなくなるだろう。

　ここで読者が望む意味や意義というものは、筋肉が肥大するという事であるはずだ。高強度トレーニングについて深く理解し、この方法の有効性を確信する事から始まり、自分にとってリアルで魅力的な目標を設定することができれば、目標に到達するために必要な、各々のプロセスは明確になり、今自分が目標達成のために、何を行う事ができるかが、わかってくるだろう。毎日とまでは言わないが、定期的にこのように自分の内面にフォーカスすることで、目標達成までのプロセスを乗り越える事ができるのである。

　成功したアスリート（アスリートに限らず成功者全てともいえるが）の多くは、目標の明確化や設定を意識する事無くほとんど習慣的に上手く行なっている。そのような習慣の無い者が成功者になるためには、天才たち（成功者）の習慣を真似れば良いのである。

戦闘モードへ

　あなたが高強度トレーニングを行なうためにジムに一度入ったなら、既に戦闘モードに入っていなければならない。それはただの勝利ではなく、緻密な作戦において約束された、圧倒的な勝利でなければならない。この場での勝利とはつまり、筋肉に限界の負荷をかけ、もうこれ以上１ミリも動かせないというところまで肉体的にも精神的にも追い込むことである。そうすることで、あなたの身体に内在されている、潜在能力を開花さ

せるためのスイッチが、また一つオンになるのである。そう、つまり筋肉が発達せざるおえない状況になり、あなたが望んでいる筋肉という戦利品を更に得る事が出来るのである。

しかし、多くのトレーニーにおいては、日常的に、仕事や学業にエネルギーを割く割合が大きく、トレーニングに集中する事が難しいようで、そう簡単に上手くはいかないようだ。例えば、あなたは仕事が上手くいかず、落ち込んでいるかもしれない。また、進路のことで悩んだり、成績不振でこっぴどく怒られた後かもしれない。そんな状況で行なうトレーニングは集中力を欠き、良い結果を得られるはずも無く、ストレスの上塗りになるだけである。

しかし戦闘を放棄する訳にはいかない。そういう状況下でも戦わなければならない時に『サイキングアップ』という方法が役に立つのだ。意識的に自分の緊張や興奮度合いを高め、脳から興奮物質を引き出すことで、心理的限界を生理的限界に限りなく近づける。（通常、心理的限界は生理的限界の８割弱だと考えられる）そうすることで最高のパフォーマンスを引き出す事ができるのだ。以下にサイキングアップの１つの方法を紹介してみよう。

【サイキングアップの手順】

- 今日のトレーニング目標を明確にする（○○のために今日は△△する）
- ハードロックやクラッシック等の激しい音楽を聴きながら
- 身体を少し動かして（足踏み、身体を揺らす等）
- 顔をやや上方に上げる（下を向くと気持ちが沈み、うえを向くと上がる）
- ゆっくり鼻から息を吸う（おなかの中にプラスのエネルギーが入ってくるイメージで）
- 吸い込む時間の２倍以上の時間をかけて口から息を吐く（この時にネガティブな思考が出て行くイメージで）
- 少しずつ呼吸のテンポと強さを上げていき、最後は１秒で吸い１秒で吐くテンポに上げる。（徐々に脈拍が上がってくるイメージが生まれる。）
- 心の中で短く肯定的なフレーズを繰り返す（できる、できる）（超える、超える）等。もしもパートナーやトレーナーがいるのなら、気持ちを高める声がけをしてもらう事も効果的だ。
- 自分にとって最適な緊張のレベルに達したらトレーニングをスタートさせる。（エネルギーが身体の中に充満して、一気に爆発するように。）

以上、サイキングアップの方法を紹介したが、これをベースにトレーニー各人に合った形にして使って欲しい。もちろんこのままでも大きな効果があるので、一度試してみてはどうだろうか？僅か数分で、トレーニングのクオリティが数段上がると思えば、使わない手はないだろう。

ネガティブをフォーカスした種目『上腕三頭筋』

①フレンチプレス（徒手抵抗を加えた）
フレンチプレスは補助者に最大収縮ポジションまで持ってきてもらい、（腕が伸びてはいるが、肘がロックしていない位置）ネガティブ４秒、ポジティブ４秒を等速で（電子メトロノームを使う）しかも姿勢を崩さずに動作する。この間トレーニーは全力で負荷に対し抵抗し（腕を上方に伸ばし続ける）補助者は等速で動作が行なわれるように負荷を加える。ネガティブの限界を向かえたところで（筋の力が抜けてしまい、ウェイトをコントロールできなくなった状態）６秒から１０秒呼吸を整えた後、（レストポーズと言われるテクニック）再び補

助者に最大収縮ポジションまで持ってきてもらい、ネガティブ4秒、ポジティブ4秒を等速運動で上記のように連続して行なう。肘に不安を抱えているトレーニーがこの種目を採用する場合は、安全安心に動作を行なえる可動範囲で行なわなければならない。補助者は特に集中し、トレーニーの、肘の最大屈曲ポジションがトレーニーに不安を与えない範囲を守る事。

②ナロウグリップマシンプレス（徒手抵抗を加えた）
ナロウグリップマシンプレスは補助者に最大収縮ポジションまで持ってきてもらい、（腕が伸びた位置、肘はロックする手前）ネガティブ4秒、ポジティブ4秒を等速で（電子メトロノームを使う）しかも姿勢を崩さずに動作する。この間トレーニーは全力で負荷に対し抵抗し（バーを上に押し続ける）補助者は等速で動作が行なわれるように負荷、又は補助を入れる。ネガティブの限界を向かえたところで（筋の力が抜けてしまい、ウェイトをコントロールできなくなった状態）6秒から10秒呼吸を整えた後、（レストポーズと言われるテクニック）再び補助者に最大収縮ポジションまで持ってきてもらい、ネガティブ4秒、ポジティブ4秒を等速運動で上記のように連続して行なう。
※非常に強度が高いトレーニングのため、スーパーセットの場合、どちらか1種目のみを採用する事。

●トレーニング重量と回数の目安
徒手抵抗種目
　フレンチプレスは5回〜9回正確な動作で、しかもメトロノームのテンポに合わせられる負荷を補助者が調節する。（通常バーベルシャフトのみで行なうが、トレーニーの筋力が非常に強い時は、プレートで負荷を加え調節する）
　ナロウグリップマシンプレスは5回〜9回正確な動作で、しかもメトロノームのテンポに合わせられる負荷を設定する。9回ネガティブでコントロールできれば、次回重量を増やす。

通常種目
　トライセプスプレスダウンは5回〜9回正確な動作で、しかもメトロノームのテンポ（4秒ネガティブ、4秒ポジティブ）に合わせられる負荷を設定する。9回動作ができれば、次回重量を増やす。

上腕三頭筋の上級者トレーニング例（スーパーセットで採用する場合パターン1）
1．トライセプスプレスダウン、ウォームアップセット
（トレーニング重量の50％程度で）×10回
2．フレンチプレス、ウォームアップセット
（トレーニング負荷の50％程度の徒手抵抗で）×10回
※1と2の間は可能な限り早く移動する。（休息は入れない）2と3の間に1分間休息
3．トライセプスプレスダウン、ウォームアップセット
（トレーニング重量の75％程度で）×5回
4．フレンチプレス、ウォームアップセット
（トレーニング負荷の75％程度の徒手抵抗で）×5回
※3と4の間は可能な限り早く移動する。（休息は入れない）4と5の間に1分間休息
5．トライセプスプレスダウン、トレーニングセット

フレンチプレス

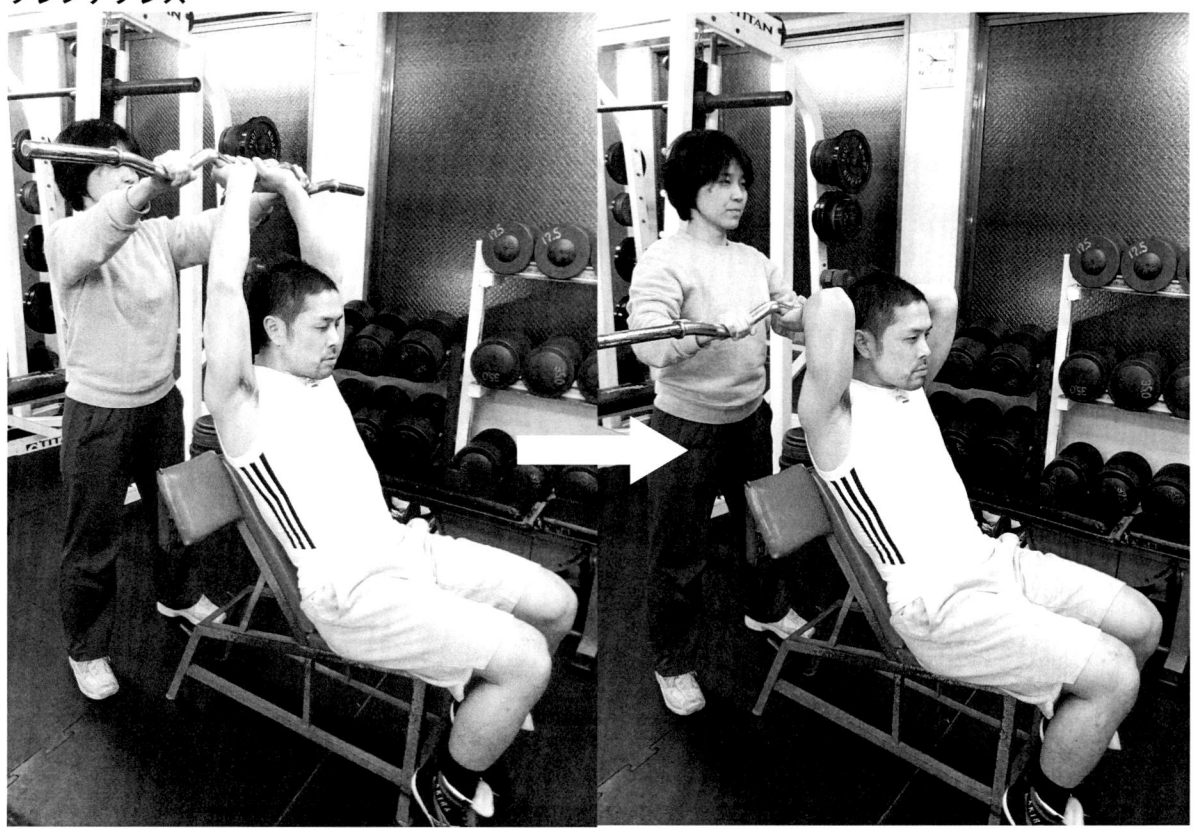

ナロウグリップマシンプレス

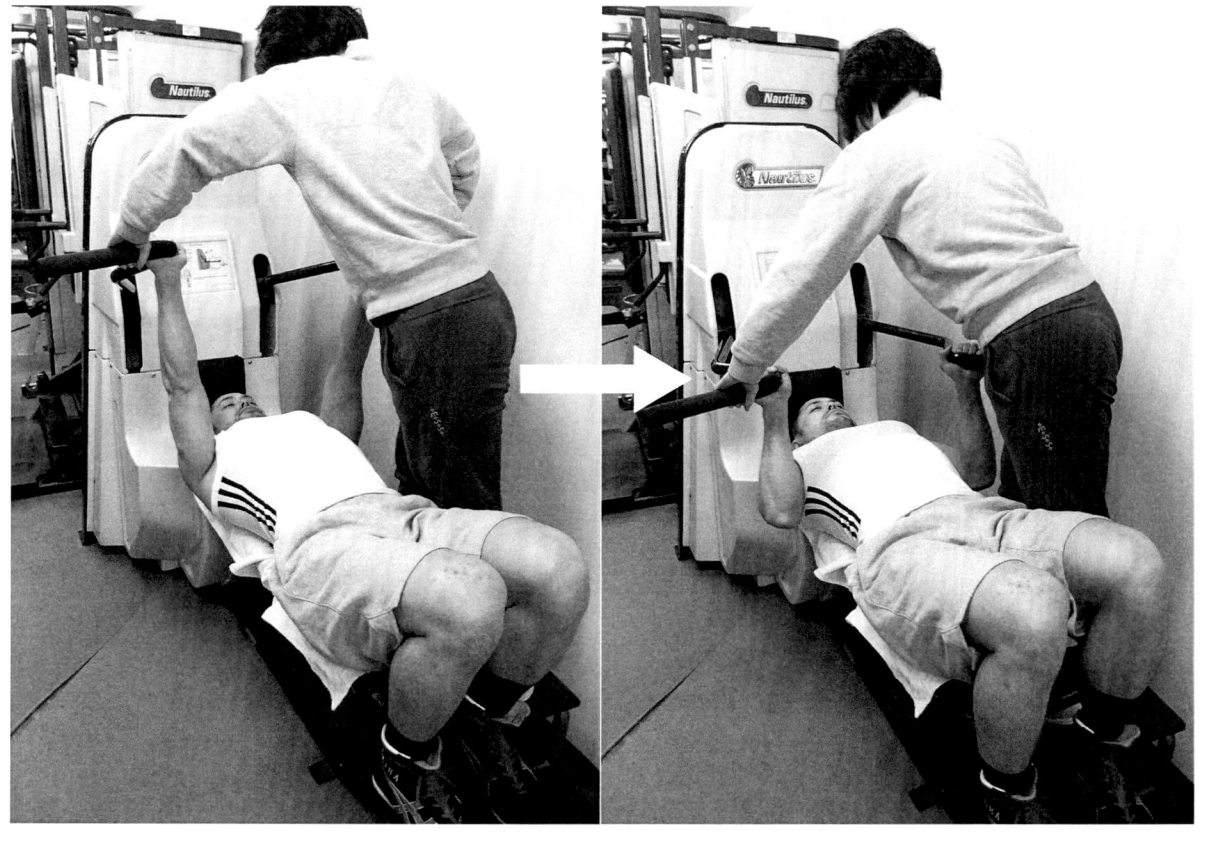

トレーニング重量×限界まで、1〜3回フォーストレップ（補助）を行なった後、6〜10秒の休息をし、再び限界まで動作を行い、補助の力を最小限借りて1〜3回行なう。
６．フレンチプレス（トレーニング負荷の徒手抵抗で）トレーニングセット
バーベルに補助者が抵抗を加えトレーニーはそれに全力で抵抗する。ネガティブの限界を向かえたところまで（5〜9回で限界をむかえるように負荷抵抗を調整する）動作を行なった後、6〜10秒の休息をし、再びネガティブの限界まで（1〜3回）動作を行なう。
※5と6の間は可能な限り早く移動する。（休息は入れない）

上腕三頭筋の上級者トレーニング例（スーパーセットで採用する場合パターン２）
１．トライセプスプレスダウン、ウォームアップセット
（トレーニング重量の50%程度で）×10回
２．ナロウグリップマシンプレス、ウォームアップセット
（トレーニング重量の50%程度で）×10回
※1と2の間は可能な限り早く移動する。（休息は入れない）2と3の間に1分間休息
３．トライセプスプレスダウン、ウォームアップセット
（トレーニング重量の75%程度で）×5回
４．ナロウグリップマシンプレス、ウォームアップセット
（トレーニング重量の75%程度で）×5回
※3と4の間は可能な限り早く移動する。（休息は入れない）4と5の間に1分間休息
５．トライセプスプレスダウン、トレーニングセット
トレーニング重量×限界まで、1〜3回フォーストレップ（補助）を行なった後、6〜10秒の休息をし、再び限界まで動作を行い、補助の力を最小限借りて1〜3回行なう。
６．ナロウグリップマシンプレス（トレーニング重量に徒手抵抗を加えて）トレーニングセット
トレーニング重量に補助者が抵抗を加えトレーニーはそれに全力で抵抗する。ネガティブの限界を向かえたところまで（5〜9回で限界をむかえるように負荷抵抗を調整する）動作を行なった後、6〜10秒の休息をし、再びネガティブの限界まで（1〜3回）動作を行なう。
※5と6の間は可能な限り早く移動する。（休息は入れない）

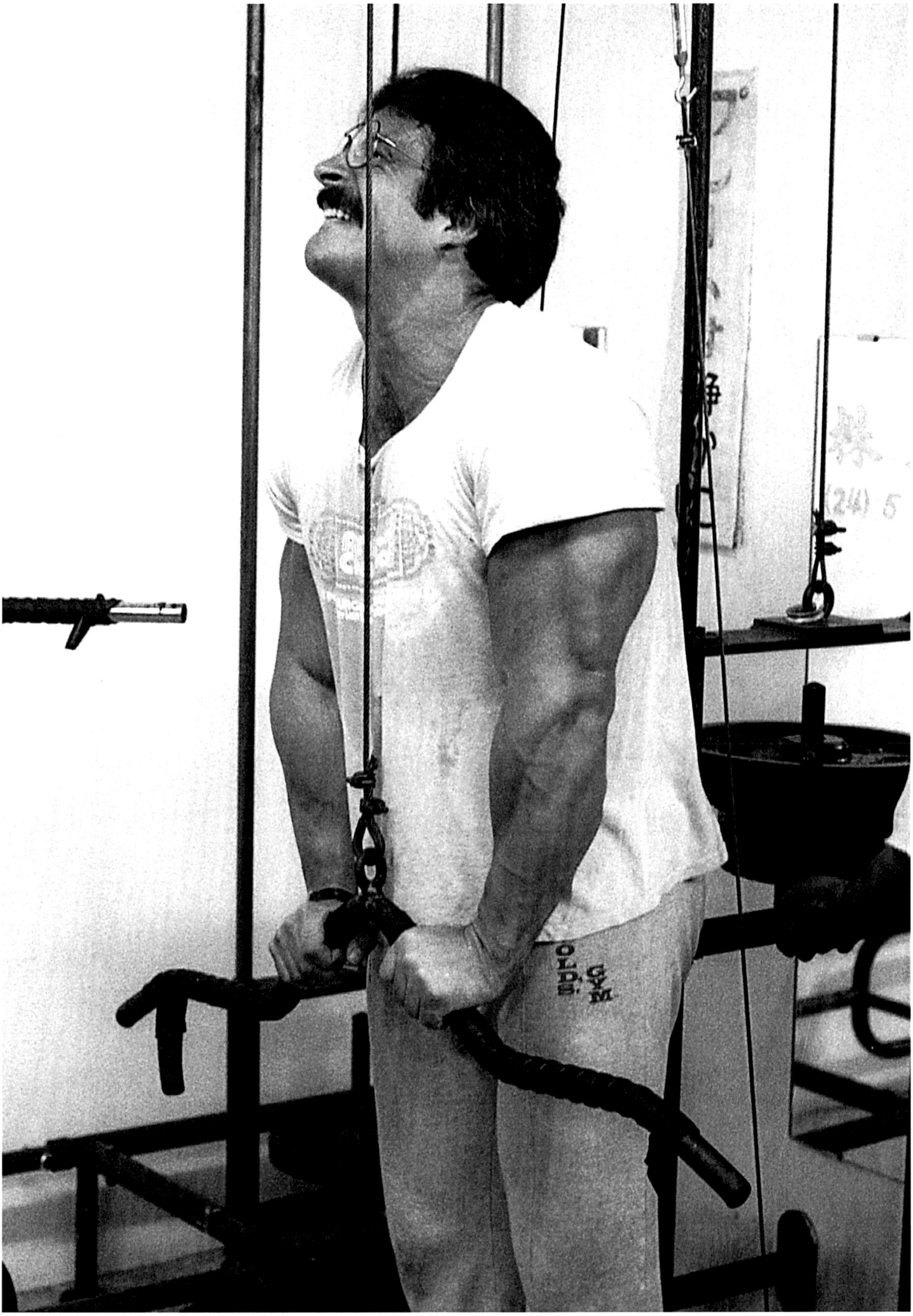

第9節

ヘビーデューティーマインド実践編Ⅸ
上級者のトレーニング④

　上腕二頭筋の発達はトレーニングを行なう者にとって特に関心のある部位ではないだろうか？　一般的に、関心のある部位へのトレーニングはハイボリューム＆高頻度に陥りやすいものだ。僕はハイボリューム＆高頻度トレーニングを完全に否定しているわけではない。そのような方法を上手く行なえば、対象の筋に対する発達のための運動プログラムを構築する事ができるだろう。（簡単に言えば、効きやすくなるということ）しかし以前の記事にも書いた事だが、下手な動作の反復は、筋の意識のフォーカスを高めるどころか、逆に分散させてしまう結果になる。やはり筋への意識のフォーカスを高めるためには、トレーニングレベルの重量ではなく、疲労を残さず繰り返し反復しつつ、対象の筋を意識できる重量に設定する事が望ましいと僕は考える。

　そして、これまでの記事を読んできた読者は既に理解していると思うが、高強度で行なうならば、ローボリューム＆低頻度のトレーニングに必然的になるのである。身体を発達させていくためには、ダメージに見合った休息をとり、超回復を促すのである。

　では筋の回復にはいったい何時間かかるのだろうか？皆さんも一度は考えたテーマではないだろうか？スポーツの指導書、教科書的なものに書かれているものを見てみると、24時間〜72時間と書いてあったり、48時間〜96時間と書いてあったり書物によって見解は様々なようにも見える。しかし、ある意味全部正解で、トレーニーにとって強度が低い運動であれば24時間で回復するし、（つまり毎日でもOK）強度が高ければ高いほどに、48時間、（2日）72時間、（3日）96時間、（4日）と回復にも時間がかかる訳である。

　マイク・メンツァーは高強度トレーニングでは回復に168時間（7日間）最低でもかかるとし、指導の中で発達のスピードが停滞したクライアントに対しては更に、192時間、（8日）240時間、（10日）最長ではなんと336時間、（14日）休息を入れるように指導しているのだ。

　このデータには裏づけがある。一つはマイク・メンツァー自身がクライアントのデータをチェックしながら実際に効果を認めたもの、もう一つは後年、彼の協力者によって中規模な実験が行なわれ、（かなり誤差の少ない体組成を測る装置を導入し、ヘビーデューティートレーニングを多くの被験者に行なわせ、データを収集した。）驚くべき事に被験者のほとんどがトレーニング後の2週間目に筋量増加のピークであることが判明した。このような事実からも、高強度でトレーニングを行なう場合には、我々が考えているよりは少ない頻度が望ましいという事がわかっている。

　そこで、もう少し考えてみたいのだが、ではこの回復のサイクルを速くすることは出来ないのか？ということだ。回復にかかる時間というものは一般的な数値であり、条件が変れば回復のスピードを速めることも、遅くなってしまうこともあるはずである。

　以前ベンチプレス競技の世界的にも第一人者である児玉大紀選手とお話した時の事、彼は毎日6時間から8時間、ベンチプレスの練習をする

児玉大紀選手

と話していた。常識的に考えればオーバートレーニングになってもおかしくはないだろう。彼はその練習をするために、食事やサプリメントの摂取を考え、身体のメンテナンス（パートナーストレッチを含めた施術）を毎日1時間以上行なっているそうだ。

　身体は勝手に回復するものではなく、より高いレベルでトレーニングするならば、ハードな練習に耐えうるように、そして更に発達のサイクルを高めるように、積極的な回復を促す作業をしなければならないのである。

積極的回復を促進させるいくつかの方法

○心理面での改善
　イライラしたり、不安を感じている時は身体が緊張しているものである。身体の感覚に意識を向ける習慣をつけて、緊張度が高い場合には、ゆっくりと深呼吸したり、身体を緩めるなどして、徐々に緊張を解いて見よう。こころと身体は繋がっているので、身体を緩めると心理的緊張は緩和され、こころを緩めると、身体の緊張は緩和されるのである。慢性的な過度の緊張は筋の発達遅滞の原因にもなる。
○栄養面での改善。
　偏った食事になっていないか？できるだけ多くの食品から栄養を摂るように心掛ける。サプリメントへの依存を高める事は危険。栄養をどれだけ入れるかではなく、消化吸収のプロセスを理解し、どのように摂取すれば超回復に活用されるかを重視する。
○環境面での改善。（身体の緊張を和らげる環境の工夫をする。）
　トレーニングでは高い筋の緊張を求められるが、休息時はその反対で緊張の緩和に努める。例えば、リラックスできるような空間を作る事から、香り（アロマオイル）や照明、室温、音などは、筋の緊張にとても影響が高いと考えられる。簡単な工夫で休息の質を高める事が期待できる。
○行動活動面での改善。（身体の緊張を和らげる行動）
　入浴、ストレッチ、マッサージ、のような行動活動も有効に利用することで回復を促進させる事ができるだろう。また漸進的筋弛緩法や自律訓練法のような心理学に基づいたリラクセーションの方法は、技法習得をしなければならないが、一人で行なえるとても効果的な方法である。技法習得の労力以上の見返りは100％期待できる。
○睡眠面での改善
睡眠の質を向上させることで、回復を促進させる事が期待できる。照明、音、室温、香り、枕やマットなどの寝具を工夫するだけでも上質の睡眠をとる事ができるようになる。また就寝前の激しい活動は脳を興奮させ睡眠を妨げる。就寝時間に向けてゆっくりと活動や思考を抑え、精神の高ぶりをおさめる工夫が大切である。上記の方法と組み合わせて、より質の高い休息を心掛けよう。

　以上、積極的回復を促進させる幾つかの方法を紹介したが、何も行なっていない人は、どれか一つでも各人に合った形にして使って欲しい。
トレーニングの効果というものは、如何に質の高いトレーニングするかだけではなく、如何に質の高い休息をとることができるかによって大きく左右されるのである。

ネガティブをフォーカスした種目『上腕二頭筋』

①インクラインハンマーカール（徒手抵抗を加えた）
　インクラインハンマーカールは補助者に最大収縮ポジションまで持ってきてもらい、（肘を完全に曲げているポジション）ネガティブ４秒、ポジティブ４秒を等速で（電子メトロノームを使う）しかも姿勢を崩さずに動作する。この間トレーニーは全力で負荷に対し抵抗し（腕を曲げ続ける）補助者は等速で動作が行なわれるように負荷を加える。ネガティブの限界を向かえたところで（筋の力が抜けてしまい、ウェイトをコントロールできなくなった状態）６秒から１０秒呼吸を整えた後、（レストポーズと言われるテクニック）再び補助者に最大収縮ポジションまで持ってきてもらい、ネガティブ４秒、ポジティブ４秒を等速運動で上記のように連続して行なう。肘が完全に伸びたポジションでは筋緊張が持続し難いので、特に伸展ポジションで、補助者はトレーニーからの抵抗を敏感に感じながら補助を加えること。（常に抵抗を感じる範囲で動作を行なうという意味）

②プリーチャーベンチカール（徒手抵抗を加えた）
　プリーチャーベンチカールは補助者に最大収縮ポジションまで持ってきてもらい、（肘を完全に曲げているポジション）ネガティブ４秒、ポジティブ４秒を等速で（電子メトロノームを使う）しかも姿勢を崩さずに動作する。この間トレーニーは全力で負荷に対し抵抗し（腕を曲げ続ける）補助者は等速で動作が行なわれるように負荷を加える。ネガティブの限界を向かえたところで（筋の力が抜けてしまい、ウェイトをコントロールできなくなった状態）６秒から１０秒呼吸を整えた後、（レストポーズと言われるテクニック）再び補助者に最大収縮ポジションまで持ってきてもらい、ネガティブ４秒、ポジティブ４秒を等速運動で上記のように連続して行なう。上記の種目同様、トレーニーが筋力を発揮できる可動範囲で必ず行なって欲しい。
※非常に強度が高いトレーニングのため、スーパーセットの場合、どちらか１種目のみを採用する事。

●トレーニング重量と回数の目安
徒手抵抗種目
　インクラインハンマーカールは５回〜９回正確な動作で、しかもメトロノームのテンポに合わせられる負荷を設定する。９回ネガティブでコントロールできれば、次回重量を増やす。
　プリーチャーベンチカールは５回〜９回正確な動作で、しかもメトロノームのテンポに合わせられる負荷を設定する。９回ネガティブでコントロールできれば、次回重量を増やす。
通常種目
　ノーチラスマシンアームカールは４回〜８回正確な動作で、しかもメトロノームのテンポ（ホールド２秒、４秒ネガティブ、４秒ポジティブ）に合わせられる負荷を設定する。８回動作ができれば、次回重量を増やす。
　ハンマーカールは５回〜９回正確な動作で、しかもメトロノームのテンポ（４秒ネガティブ、４秒ポジティブ）に合わせられる負荷を設定する。９回動作ができれば、次回重量を増やす。

上腕二頭筋の上級者トレーニング例（スーパーセットで採用する場合パターン１）
１．ノーチラスマシンアームカール、ウォームアップセット
（トレーニング重量の５０％程度で）×１０回
２．インクラインハンマーカール（徒手抵抗を加えた）、ウォームアップセット

インクラインハンマーカール

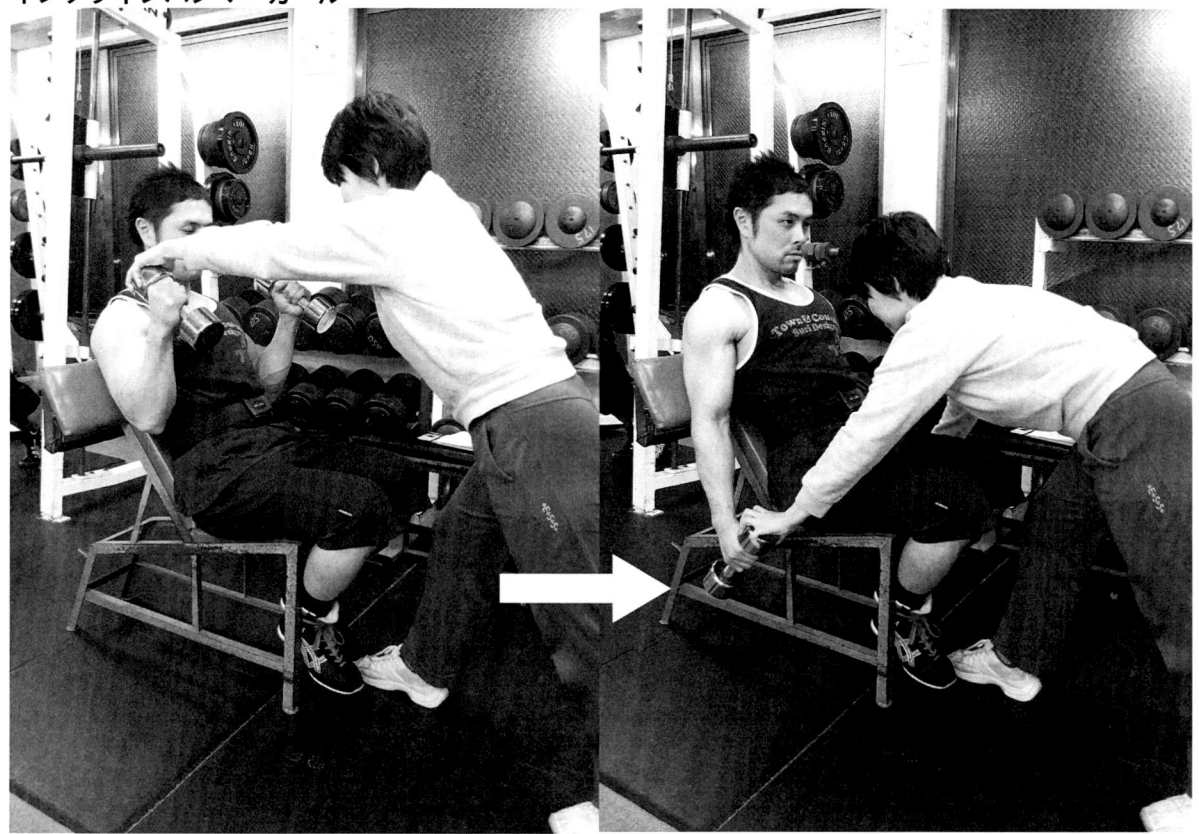

プリチャーベンチカール

（トレーニング負荷の50％程度の徒手抵抗で）×10回

※1と2の間は可能な限り早く移動する。（休息は入れない）2と3の間に1分間休息

3．ノーチラスマシンアームカール、ウォームアップセット

（トレーニング重量の75％程度で）×5回

4．インクラインハンマーカール（徒手抵抗を加えた）、ウォームアップセット

（トレーニング負荷の75％程度の徒手抵抗で）×5回

※3と4の間は可能な限り早く移動する。（休息は入れない）4と5の間に1分間休息

5．ノーチラスマシンアームカール、トレーニングセット

トレーニング重量×限界まで、1～3回フォーストレップ（補助）を行なった後、6～10秒の休息をし、再び限界まで動作を行い、補助の力を最小限借りて1～3回行なう。

6．インクラインハンマーカール（徒手抵抗を加えた）トレーニングセット

ダンベルに補助者が抵抗を加えトレーニーはそれに全力で抵抗する。ネガティブの限界を向かえたところまで（5～9回で限界をむかえるように負荷抵抗を調整する）動作を行なった後、6～10秒の休息をし、再びネガティブの限界まで（1～3回）動作を行なう。

※5と6の間は可能な限り早く移動する。（休息は入れない）

●上腕二頭筋の上級者トレーニング例（スーパーセットで採用する場合パターン2）

1．インクラインハンマーカール、ウォームアップセット

（トレーニング重量の50％程度で）×10回

2．プリーチャーベンチカール（徒手抵抗を加えた）、ウォームアップセット

（トレーニング負荷の50％程度の徒手抵抗で）×10回

※1と2の間は可能な限り早く移動する。（休息は入れない）2と3の間に1分間休息

3．インクラインハンマーカール、ウォームアップセット

（トレーニング重量の75％程度で）×5回

4．プリーチャーベンチカール（徒手抵抗を加えた）、ウォームアップセット

（トレーニング負荷の75％程度の徒手抵抗で）×5回

※3と4の間は可能な限り早く移動する。（休息は入れない）4と5の間に1分間休息

5．インクラインハンマーカール、トレーニングセット

トレーニング重量×限界まで、1～3回フォーストレップ（補助）を行なった後、6～10秒の休息をし、再び限界まで動作を行い、補助の力を最小限借りて1～3回行なう。

6．プリーチャーベンチカール（トレーニング負荷の徒手抵抗で）トレーニングセット

バーベル又はアームカールマシンのハンドルに補助者が抵抗を加えトレーニーはそれに全力で抵抗する。ネガティブの限界を向かえたところまで（5～9回で限界をむかえるように負荷抵抗を調整する）動作を行なった後、6～10秒の休息をし、再びネガティブの限界まで（1～3回）動作を行なう。

※5と6の間は可能な限り早く移動する。（休息は入れない）

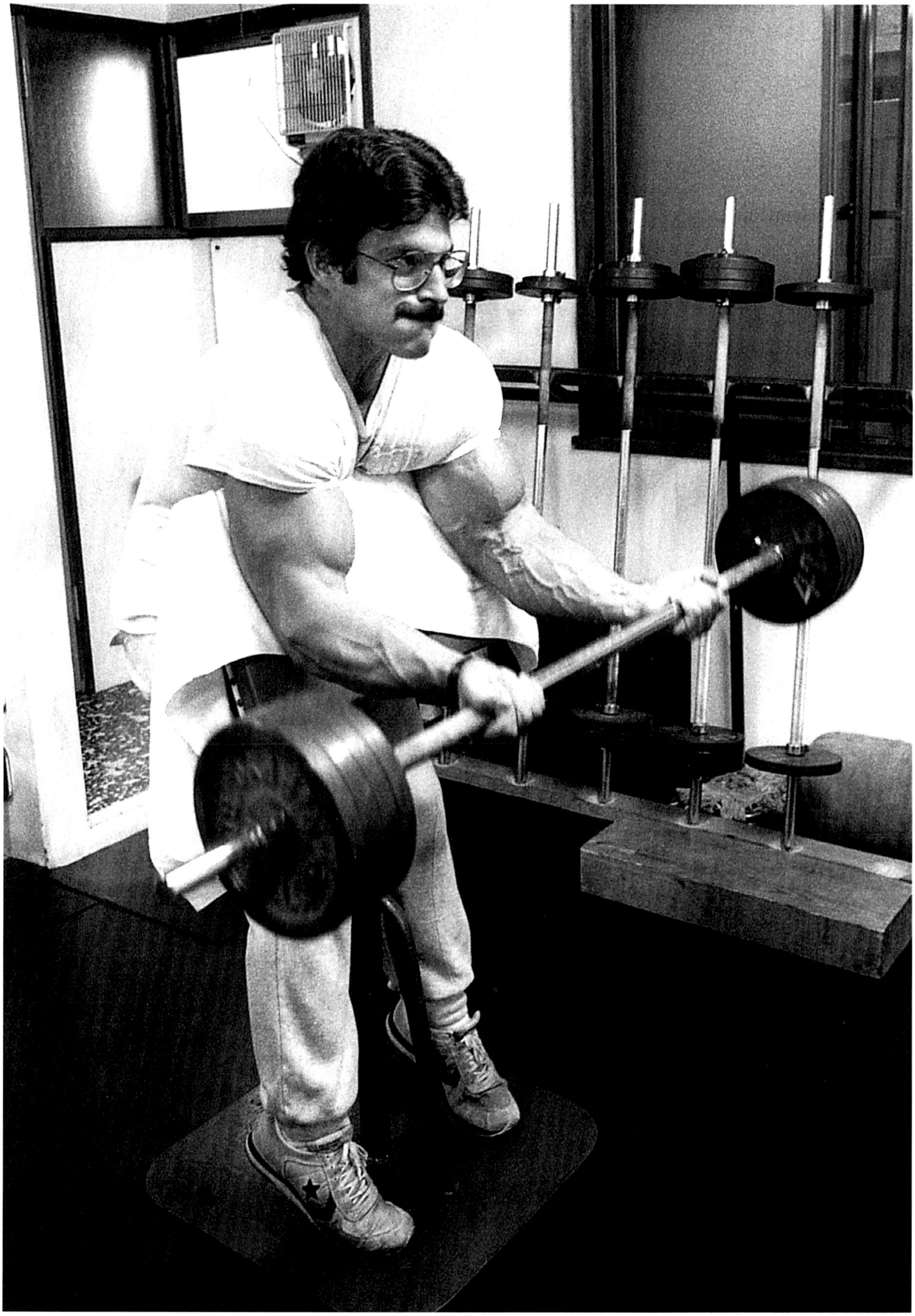

第10節

ヘビーデューティーマインド実践編X
上級者のトレーニング⑤

　以前にも書いたが、この強度の高いトレーニングを体験し、克服することでトレーニーのトレーニングレベルの全てが飛躍的に引上げられるのだ。人間には意識の領域（知覚される領域）と無意識（普段知覚されない領域）の領域があるとされるが、無意識のレベルで働く様々な抑制が全ての人間には内在しており、それがより強度の高いトレーニングを行なう際のブレーキになるのである。その抑制を解き放つ唯一の手段は、トレーニーが抑制の根源に気づき、（それは恐怖かもしれないし、自分に対する弱さかもしれない、そしてもっと他に何かあるのかもしれないが）自らの意志の力で打ち勝つしかないのである。

　このような抑制が掛かり超えられない上限値を一般的に『心理的限界』という。そして、もう一つの上限を『生理的限界』（人間の機能的に、これ以上負荷をかけることが出来ないレベルをいう。）という。高強度トレーニングでは『心理的限界』を如何に『生理的限界』に近づけるかが一つの目標であり、答えになるのであるが、何故人間に『心理的限界』が無くてはならないのかという事を考えて行けば、その答えを簡単に見つける事ができるだろう。

　もしも仮に、『心理的限界』が無いA君というアスリートがいて、運動を行なうとどうなるだろうか？彼は抑制がかからない訳だから、文字通り倒れるまで運動を続け『生理的限界』に達し、筋や腱、内臓をはじめ多くの人体の機能に修復不可能なレベルでストレスが生じ、怪我で済めばラッキーだが、命を落とす事にもなりかねないだろう。つまり、そうならないためにも人体に決定的なダメージを受ける事が無いように、『心理的限界』は機能しているのである。

　長くトレーニング指導の現場にいると、A君とは真逆の非常に抑制のレベルが高く、ポテンシャルに比べてかなり低いレベルでのパフォーマンスしかできない人たちもいる。彼らの場合は心理的な抑制が高すぎて、より効率良く身体を発達させるためのトレーニング強度には達していない。彼らがパフォーマンスを上げていくには、一段ずつ階段を上がっていくように、徐々に強度の高いトレーニング（ヘビーデューティートレーニングのようなローボリューム高強度トレーニング）を経験していくことが大切だ。そうすることで、高いレベルでのトレーニングでも安心して運動が行なえるということを経験し認識し、無意識のレベルでの抑制を外していくのである。

　そして、その逆に位置するアスリート（A君のような）も稀にではあるが出会う事がある。彼らは抑制のレベルが非常に低く、限界を簡単に超えてしまうアスリートである。そんなアスリート達もまた、トレーニングに由来する怪我や体調の不調を繰り返し経験すると、そういった体験が学習されてしまい。無意識のレベルでの抑制が高くなり、結果パフォーマンスが下がってしまうのである。つまり、『心理的限界』を引き上げ、より高強度でトレーニングを行なうためには、身体の感覚に常日頃から意識を向ける練習、習慣が必要だ。そうすることで、トレーニング中に起こるかもしれないアクシデントを未然に防ぐ事になる。そして、前述したようなローボリューム（少量）のトレーニングこそが高い集中力を生み、より高強度のトレーニングを可能とし、自己の限界が意識の上でも無意識の上でも徐々に引上げられるのである。

　結果的にこれらの状態が、安全で安心できるトレーニング状況を生み、そのような状況でのみ抑制は限りな

く少なくなり最高のパフォーマンスは発揮されるのである。それではハイインテンシティトレーニングで最も過酷な脚のトレーニングを紹介しよう。

ネガティブをフォーカスした種目『脚』

①レッグエクステンション（徒手抵抗を加えた）

　レッグエクステンションは補助者に最大収縮ポジションまで持ってきてもらい、（脚が真っ直ぐに伸びているポジション）ネガティブ4秒、ポジティブ4秒を等速で（電子メトロノームを使う）しかも姿勢を崩さずに動作する。この間トレーニーは全力で負荷に対し抵抗し（脚を伸ばし続ける）補助者は等速で動作が行なわれるように負荷を加える。ネガティブの限界を向かえたところで（筋の力が抜けてしまい、ウェイトをコントロールできなくなった状態）6秒から10秒呼吸を整えた後、（レストポーズと言われるテクニック）再び補助者に最大収縮ポジションまで持ってきてもらい、ネガティブ4秒、ポジティブ4秒を等速運動で上記のように連続して行なう。この種目では膝にストレスがかかるため、既に障害を持っている場合や、違和感を感じる場合は行わない事。運動動作中につま先の向きを大きく変えるなどして、膝に無理なストレスがかからないように注意して欲しい。

②レッグカール（徒手抵抗を加えた）

　レッグカールは補助者に最大収縮ポジションまで持ってきてもらい、（膝を完全に曲げているポジション）ネガティブ4秒、ポジティブ4秒を等速で（電子メトロノームを使う）しかも姿勢を崩さずに動作する。この間トレーニーは全力で負荷に対し抵抗し（膝を曲げ続ける）補助者は等速で動作が行なわれるように負荷を加える。ネガティブの限界を向かえたところで（筋の力が抜けてしまい、ウェイトをコントロールできなくなった状態）6秒から10秒呼吸を整えた後、（レストポーズと言われるテクニック）再び補助者に最大収縮ポジションまで持ってきてもらい、ネガティブ4秒、ポジティブ4秒を等速運動で上記のように連続して行なう。

　脚が完全に伸びたポジションでは筋緊張が持続し難いので、特に伸展ポジションで、補助者はトレーニーからの抵抗を敏感に感じながら補助を加えること。（常に抵抗を感じる範囲で動作を行なうという意味）トレーニーが筋力を発揮できる可動範囲で必ず行なって欲しい。

③シーテッドカーフレイズ（徒手抵抗を加えた）

　シーテッドカーフレイズは最大収縮ポジションからスタートし、（踵が上がり、ふくらはぎが収縮しているポジション）ネガティブ3秒、ポジティブ3秒を等速で（電子メトロノームを使う）しかも姿勢を崩さずに動作する。この間トレーニーは全力で負荷に対し抵抗し（踵を上げ続ける意識）補助者は等速で動作が行なわれるように負荷を加える。ネガティブの限界を向かえたところで（筋の力が抜けてしまい、動作をコントロールできなくなった状態）6秒から10秒呼吸を整えた後、（レストポーズと言われるテクニック）再び最大収縮ポジションに戻り、ネガティブ3秒、ポジティブ3秒を等速運動で上記のように連続して行なう。常にトレーニーの筋出力に注意し、特にスタート時に無理な負荷がかからないよう、細心の注意をはらって負荷を調整して加えていくこと。

●トレーニング重量と回数の目安

徒手抵抗種目

　レッグエクステンションは5回～9回正確な動作で、しかもメトロノームのテンポに合わせられる負荷を設定する。9回ネガティブでコントロールできれば、次回重量を増やす。

レッグエクステンション

レッグカール

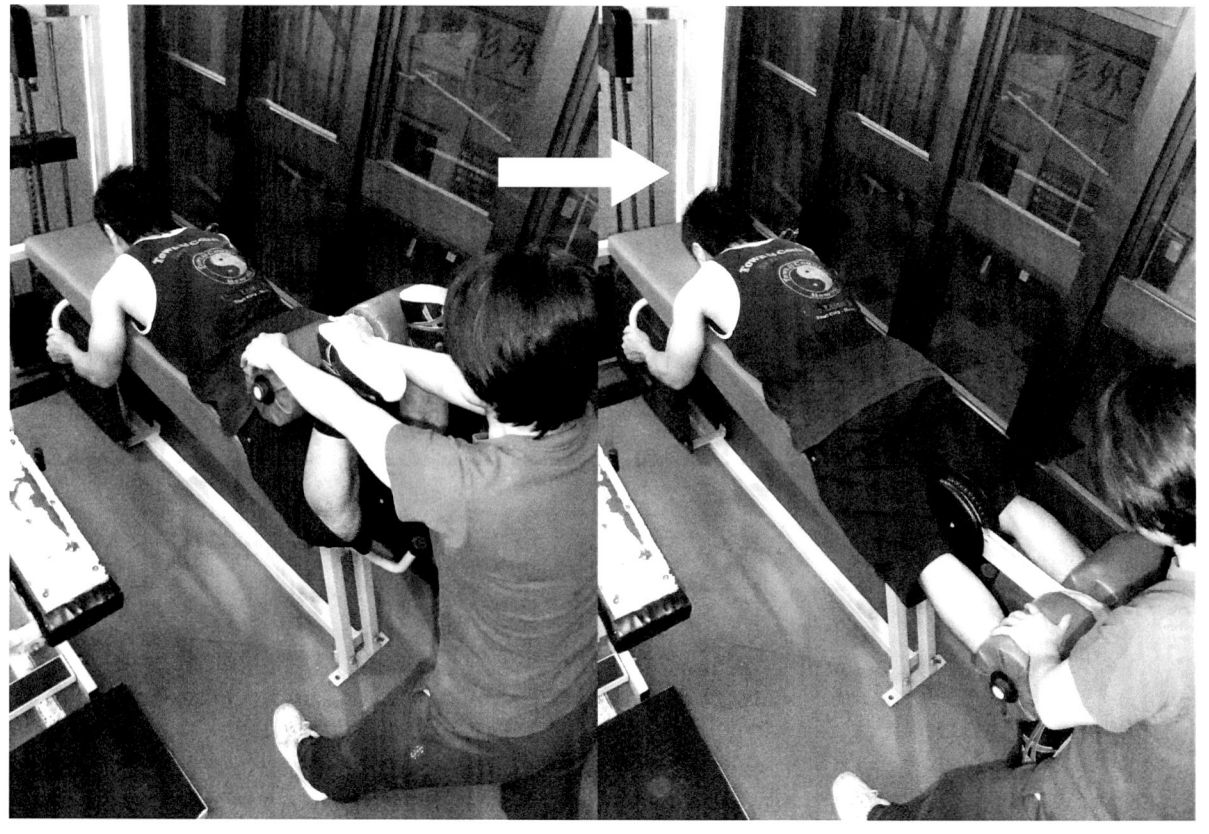

シーテッドカーフレイズ

レッグカールは5回〜9回正確な動作で、しかもメトロノームのテンポに合わせられる負荷を設定する。9回ネガティブでコントロールできれば、次回重量を増やす。

シーテッドカーフレイズは7回〜12回正確な動作で、しかもメトロノームのテンポに合わせられる負荷を設定する。12回ネガティブでコントロールできれば、次回重量を増やす。

通常種目

スクワットは10回〜15回正確な動作で、15回できれば、次回重量を増やす。（もし膝をロックしたら、それまでの回数が記録となる）

レッグプレスは5回〜9回正確な動作で、しかもメトロノームのテンポに合わせられる重量を選ぶ。9回できれば、次回重量を増やす。

スタンディングカーフレイズは5回〜9回正確な動作で、しかもメトロノームのテンポに合わせられる重量を選ぶ。9回できれば、次回重量を増やす。

（各種目の詳しい方法についてはヘビーデューティートレーニング実践編Ⅲ　DAY 2脚を参照して下さい）

脚の上級者トレーニング例
1．スクワット、ウォームアップセット
（トレーニング重量の50%程度で）×10回
※1と2の間に1分間休息
2．スクワット、ウォームアップセット
（トレーニング重量の75%程度で）×5回

※2と3の間に1分間休息
3．スクワット、トレーニングセット
トレーニング重量×限界（自力で立ち上がれなくなったら）までプラス1～3回フォーストレップ（補助）を行なった後、6～10秒の休息をし、再び限界まで動作を行い、補助の力を最小限借りて1～3回行なう。
（非常に姿勢が大切な種目なので、フォームが崩れないように十分注意する事。）
※3と4の間は呼吸が整うまで休息。
4．レッグエクステンション、ウォームアップセット（徒手抵抗を加えた）
（トレーニング負荷の50％程度の徒手抵抗で）×10回
5．レッグプレス、ウォームアップセット
（トレーニング重量の50％程度で）×10回
※4と5の間は可能な限り早く移動する。（休息は入れない）5と6の間に1分間休息
6．レッグエクステンション、ウォームアップセット（徒手抵抗を加えた）
（トレーニング負荷の75％程度の徒手抵抗で）×5回
7．レッグプレス、ウォームアップセット
（トレーニング重量の75％程度で）×5回
※6と7の間は可能な限り早く移動する。（休息は入れない）7と8の間に1分間休息
8．レッグエクステンション、トレーニングセット（徒手抵抗を加えた）
補助者が抵抗を加えトレーニーはそれに全力で抵抗する。ネガティブの限界を向かえたところまで（5～9回で限界をむかえるように負荷抵抗を調整する）動作を行なった後、6～10秒の休息をし、再びネガティブの限界まで（1～3回）動作を行なう。
※8と9の間は可能な限り早く移動する。（休息は入れない）
9．レッグプレス、トレーニングセット
トレーニング重量×限界までプラス1～3回フォーストレップ（自力で補助）を行なった後、6～10秒の休息をし、再び限界まで動作を行ったあと、自分で最小限の補助を行い、1～3回動作を続ける。
※9と10の間は呼吸が整うまで休息。
10．レッグカール、ウォームアップセット（徒手抵抗を加えた）
（トレーニング負荷の50％程度の徒手抵抗で）×10回
※10と11の間に1分間休息
11．レッグカール、ウォームアップセット（徒手抵抗を加えた）
（トレーニング負荷の75％程度の徒手抵抗で）×5回
※11と12の間に1分間休息
12．レッグカール、トレーニングセット（徒手抵抗を加えた）
補助者が抵抗を加えトレーニーはそれに全力で抵抗する。ネガティブの限界を向かえたところまで（5～9回で限界をむかえるように負荷抵抗を調整する）動作を行なった後、6～10秒の休息をし、再びネガティブの限界まで（1～3回）動作を行なう。
※12と13の間は呼吸が整うまで休息。
13．スタンディングカーフレイズ、トレーニングセット
トレーニング重量×限界までプラス1～3回フォーストレップ（自力で補助）を行なった後、6～10秒の休息をし、再び限界まで動作を行ったあと、自分で最小限の補助を行い、1～3回動作を続ける。（これまでのトレー

ニングでカーフは既に使われているので、特に必要に感じない限りはウォームアップのセットは行なわない。）
※１３と１４の間は可能な限り早く移動する。（休息は入れない）
14. シーテッドカーフレイズ、トレーニングセット（徒手抵抗を加えた）
補助者が抵抗を加えトレーニーはそれに全力で抵抗する。ネガティブの限界を向かえたところまで（７～１２回で限界をむかえるように負荷抵抗を調整する）動作を行なった後、６～１０秒の休息をし、再びネガティブの限界まで（１～３回）動作を行なう。

　非常に強度が高く、疲労を伴うトレーニングのため、前回の記事を参考に疲労回復を心がけ、オーバートレーニングに陥らないよう休息の過ごし方や期間を考える事。

第11節

ヘビーデューティーマインド実践編XI
上級者のトレーニング⑥

創造への挑戦（既成概念からの脱却）

　マイク・メンツァーが、ウェイトトレーニングにおいて最も影響を受けたのはアーサージョーンズ博士（以下博士と表記）以外に考えられない。博士は従来主流であったトレーニング理論や方法を否定し、自らの理論を主張した。博士の理論はそれまでの指導者や、実践者に対してあまりにも刺激的で簡単に受け入れられるはずもなく、反感を買う事も少なくは無かったようだ。博士が登場する以前は、経験がほぼ唯一の判断基準であり、ベテラントレーニーが長い年月をかけ生み出した鍛錬の方法の一つ一つに名称が付けられ、効果的な方法として伝承されていったのである。しかし博士は従来のトレーニング理論や方法に疑問を持ち、筋肉の発達にはどのような条件が必要になるのか？を追及し（以前に掲載したように、それは非常にシンプルであった）そのためには従来使われてきた※1フリーウェイトや、※2円形（正円）のプーリーでは十分ではないことに気づいたのである。

※1フリーウェイトの問題点としては、重力の影響を非常に受けるため、例えばアームカールを例に挙げると、垂直ポジション（ウェイトがトップに上がった状態と肘が伸びてボトムに下がった位置）においては負荷がほとんどかからなくなり、ウェイトが体軸から離れることで対象の筋への負荷が増加すると考えられる。（実際には肩、肘関節の角度等の影響も受けるので一概に距離だけの問題とは考えられない。）負荷を設定する場合には、負荷が対象の筋において最大になるポジションに重量を合わせなければならず、ある角度ではほとんど負荷がかからず、またある角度では非常に高いストレスがかかり、どの可動域においても十分な負荷をかけているとはいえなかった。
※2上記のフリーウェイトの欠点を補うべく登場した円形のプーリーであったが、運動角度によって、筋の出力が変化することについては考慮されていない。

　博士は巨額を投じ、筋力測定器によって運動の各角度での筋力の変化を測定し、それら多くのサンプルの平均を出す事により、あのオウム貝に似た独特の形状を持つノーチラスカムを開発したのである。（カムの中心から外円の距離が変化する事で、自動的に負荷の変更が可能となった）このノーチラスカムを搭載するマシンは理想に近い状態で、筋肉に可動域全域に渡り負荷を高い水準でかけ続ける事を可能にした。更に、反動を用いることなく動作を繰り返すスロートレーニングにより、筋肉の緊張は維持され、非常に短時間で効率的な、理想の

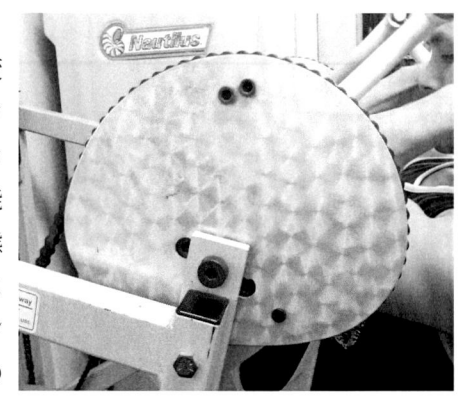

トレーニングを可能にしたのである。
　もしも博士が既成の概念に縛られていたのなら、このような発見に至らなかっただろう。哲学者カントもこんな事を言っている、他人が導いてくれなければ自分で考える事ができない状態を脱却し、自分で考える決断と勇気を持つことが成熟された人間になることだと。大胆に知ろうとする事、そして自分自身で考える勇気を持つことが創造への挑戦を可能にするのだ。そのような人たちが筋肉を最大限に発達させるためのチャンスを生み出すのである。

高強度トレーニングとは？

　では、博士が提唱した高強度トレーニングとはどんなものだったかを簡単に復習しよう。
　高強度であり、（全ての稼動域において負荷が抜けない状況を、ノーチラスマシンの開発により可能にした。フリーウェイトではできないトレーニングとも言える。）少量（セット数が非常に少ない）である。そして基本的に同じ種目を継続して行なうこと。（メニューの変更を頻繁に行うような事はしない。）マイク・メンツァーのヘビーデューティートレーニング（以下 HDT）との違いは、博士の場合、1日に全身を鍛える方法で、頻度がマイクに比べ高い。HDT では博士よりも更に強度を高める方法を加えたので、全身を3分割し、頻度を低くすることで超回復を可能にした。

刺激を変える？

　筋肉への刺激を変えるために定期的に種目に変化をもたせることは、多くのトレーニーが実践してきた事だろう。しかし上記のように博士は基本的に同じ種目を継続する事を推奨している。確かに種目を変更するとしばらくの間重量は増加し、『筋力』が上がった実感を得る事ができるだろう。
　しかし、種目変更で得られる初期の重量の伸びは、ただ単に動作を効率良くこなすために『上手く筋肉を使えるようになっただけ』であり、『筋肉量の増加』は期待できないのである。人間はできる限り最小のユニットで仕事をこなそうとするわけだから、（無駄な装備を持つ事は生命を維持する上では不利なので）筋肉量を増やす事よりも先に、神経系の適応を優先させる。それでも間に合わないとなると、いよいよ筋肉を増やそうというわけだ。
　種目をころころ変えるということは、結果的に筋量を増やすという目的では不利なのである。本来の刺激の変化とは、ハイインテンシティトレーニングによる、筋肉への発達を促す刺激と、十分な休養と栄養を充足することにより、超回復を遂げた筋肉が、更に強度の高いトレーニングを行なうことなのである。

ネガティブをフォーカスした種目『腹』

　ここで紹介する種目ももちろんシンプルであり、種目を頻繁に変えるようなことはしない。

①アブドミナルマシン（シットアップポジションで徒手抵抗を加えた）又はシットアップ（徒手抵抗を加えた）
　アブドミナルマシン（シットアップポジション）は補助者に最大収縮ポジションまで持ってきてもらい、（胴体で身体が二つ折れになった状態）ネガティブ4秒、ポジティブ4秒を等速で（電子メトロノームを使う）しかも姿勢を崩さずに動作する。この間トレーニーは全力で負荷に対し抵抗し（身体を曲げ続ける）補助者は等

アブドミナルマシン（シットアップポジション）

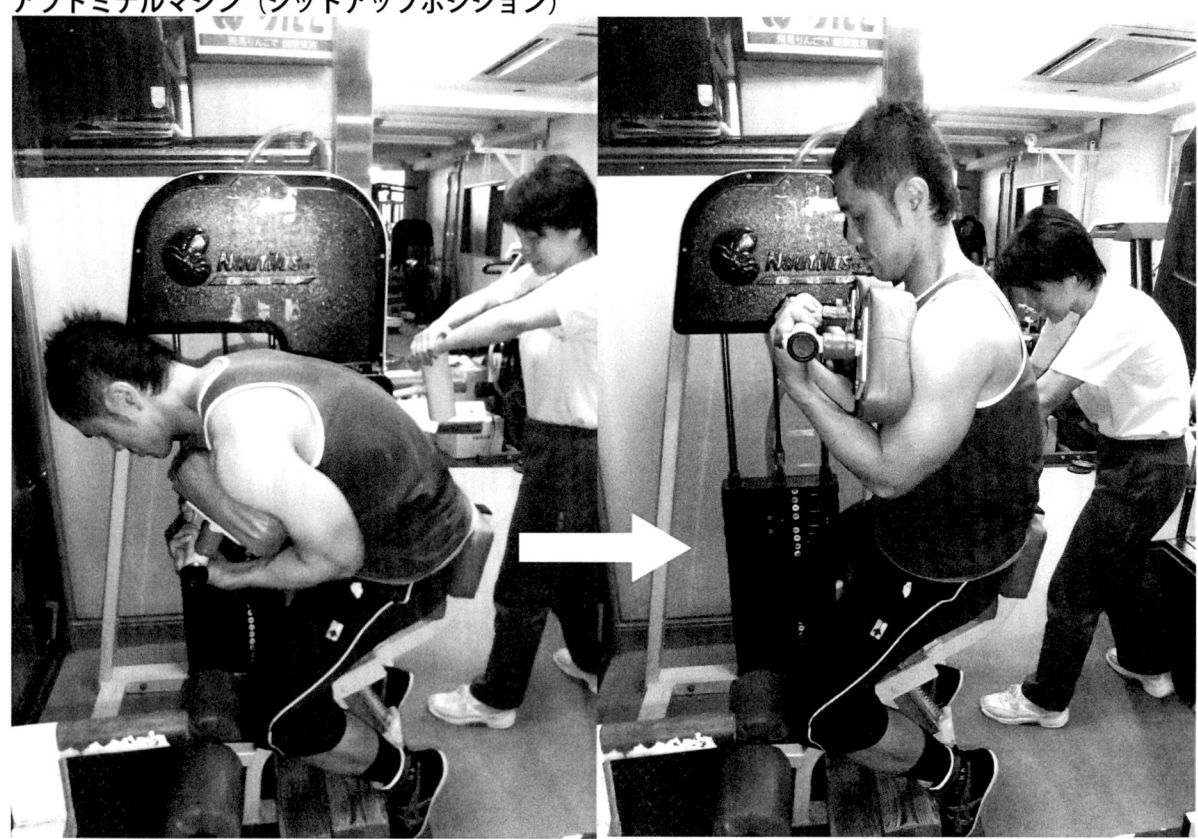

シットアップ

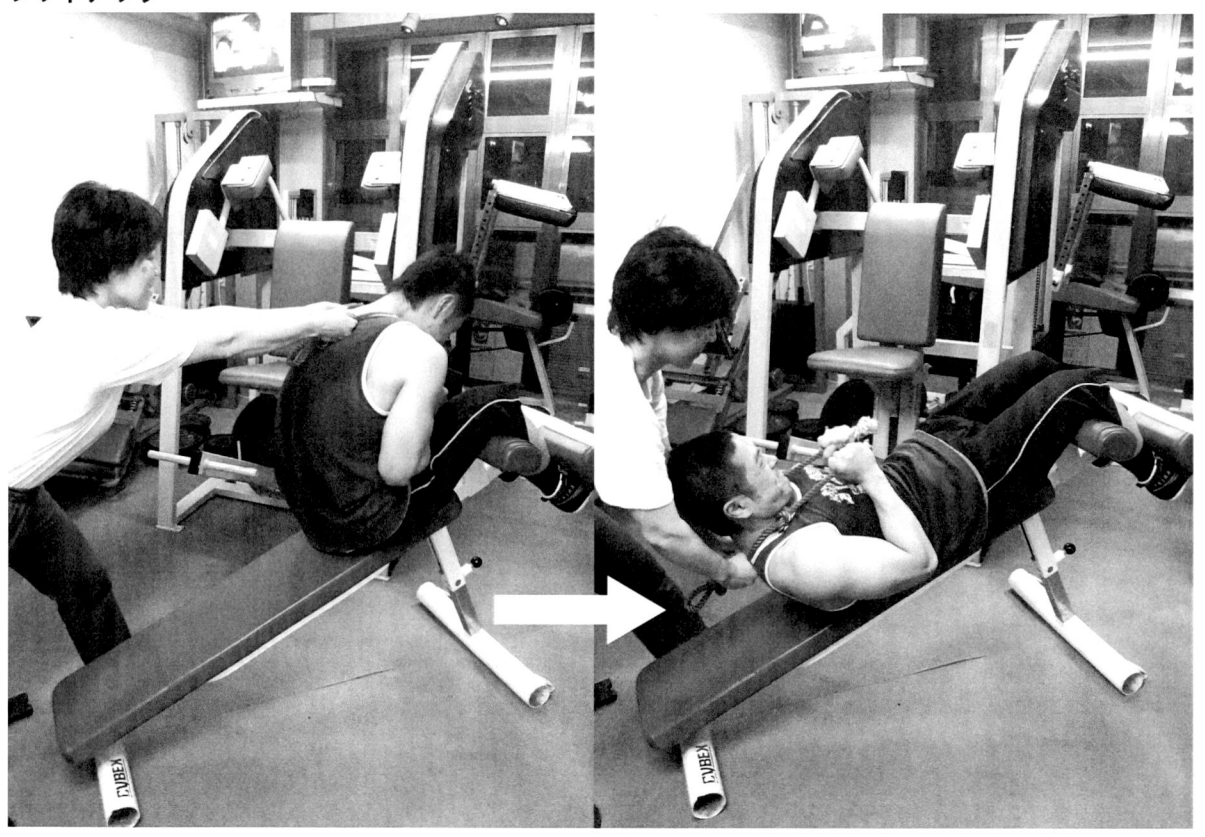

速で動作が行なわれるように負荷を加える。

　ネガティブの限界を向かえたところで（筋の力が抜けてしまい、ウェイトをコントロールできなくなった状態）6秒から10秒呼吸を整えた後、（レストポーズと言われるテクニック）再び補助者に最大収縮ポジションまで持ってきてもらい、ネガティブ4秒、ポジティブ4秒を等速運動で上記のように連続して行なう。稀に腰背部に痛みを感じるクライアントもいるが、その場合は②の組み合わせをおこなって欲しい。
（シットアップ徒手抵抗を加えた）

　アブドミナルマシンがジムに無い場合には、シットアップボードで代用する事もできる。写真のようにロープやひもを使ったり、補助者のサポートで動作を行なおう。この場合上体を倒したポジションで過度に身体を反らせず、軽くあごを引いた状態で動作を行なう事で腹部の緊張を維持しやすい。

②アブドミナルマシン（クランチポジション徒手抵抗を加えて）＆レッグレイズ（徒手抵抗を加えて）又はクランチ（徒手抵抗を加えて）＆レッグレイズ（徒手抵抗を加えて）

　腰背部に痛みを感じる場合は、まずアブドミナルマシン（クランチポジション徒手抵抗を加えて）で腹筋の上部に刺激を与え、十分休息をとった後、レッグレイズ（徒手抵抗を加えて）で腹筋下部に刺激を与える。アブドミナルマシン（クランチポジション）と（レギュラーポジション）の違いは、足の位置にある。レギュラーポジションでは足が固定されているために、動作に腸腰筋が関与し、腰部に痛みを訴える場合もあるが、クランチポジションにすることで腸腰筋の緊張が軽減され解消される事が多い。但し、同時に腹筋下部への緊張も軽減されるため、下部を刺激するレッグレイズを加えて欲しい。

　アブドミナルマシン（クランチポジション）は補助者に最大収縮ポジションまで持ってきてもらい、（胴体で身体が二つ折れになった状態）ネガティブ4秒、ポジティブ4秒を等速で（電子メトロノームを使う）しかも姿勢を崩さずに動作する。この間トレーニーは全力で負荷に対し抵抗し（身体を曲げ続ける）補助者は等速で動作が行なわれるように負荷を加える。ネガティブの限界を向かえたところで（筋の力が抜けてしまい、ウェイトをコントロールできなくなった状態）6秒から10秒呼吸を整えた後、（レストポーズと言われるテクニック）再び補助者に最大収縮ポジションまで持ってきてもらい、ネガティブ4秒、ポジティブ4秒を等速運動で上記のように連続して行なう。

　休息後続いてレッグレイズを行なう。補助者に最大収縮ポジションまで持ってきてもらい、（両足が軽く曲がった状態で、膝がウエストに近づいたポジション）ネガティブ4秒、ポジティブ4秒を等速で（電子メトロノームを使う）しかも姿勢を崩さずに動作する。この間トレーニーは全力で負荷に対し抵抗し（身体を曲げ続ける）補助者は等速で動作が行なわれるように負荷を加える。ネガティブの限界を向かえたところで（筋の力が抜けてしまい、ウェイトをコントロールできなくなった状態）6秒から10秒呼吸を整えた後、（レストポーズと言われるテクニック）再び補助者に最大収縮ポジションまで持ってきてもらい、ネガティブ4秒、ポジティブ4秒を等速運動で上記のように連続して行なう。

　どちらの種目も緊張が抜けやすいので、動作中緊張を維持することに専念する。正確に動作を行なう事ができれば、運動停止状態に追い込む事が可能になる。

クランチ徒手抵抗を加えた

　アブドミナルマシンがジムに無い場合には、フラットベンチで代用する事もできる。写真のように補助者のサポートで動作を行ない、腹部の筋肉で起き上がれるポジションまで上体を起こせば良い。

アブドミナルマシン（クランチポジション）

レッグレイズ

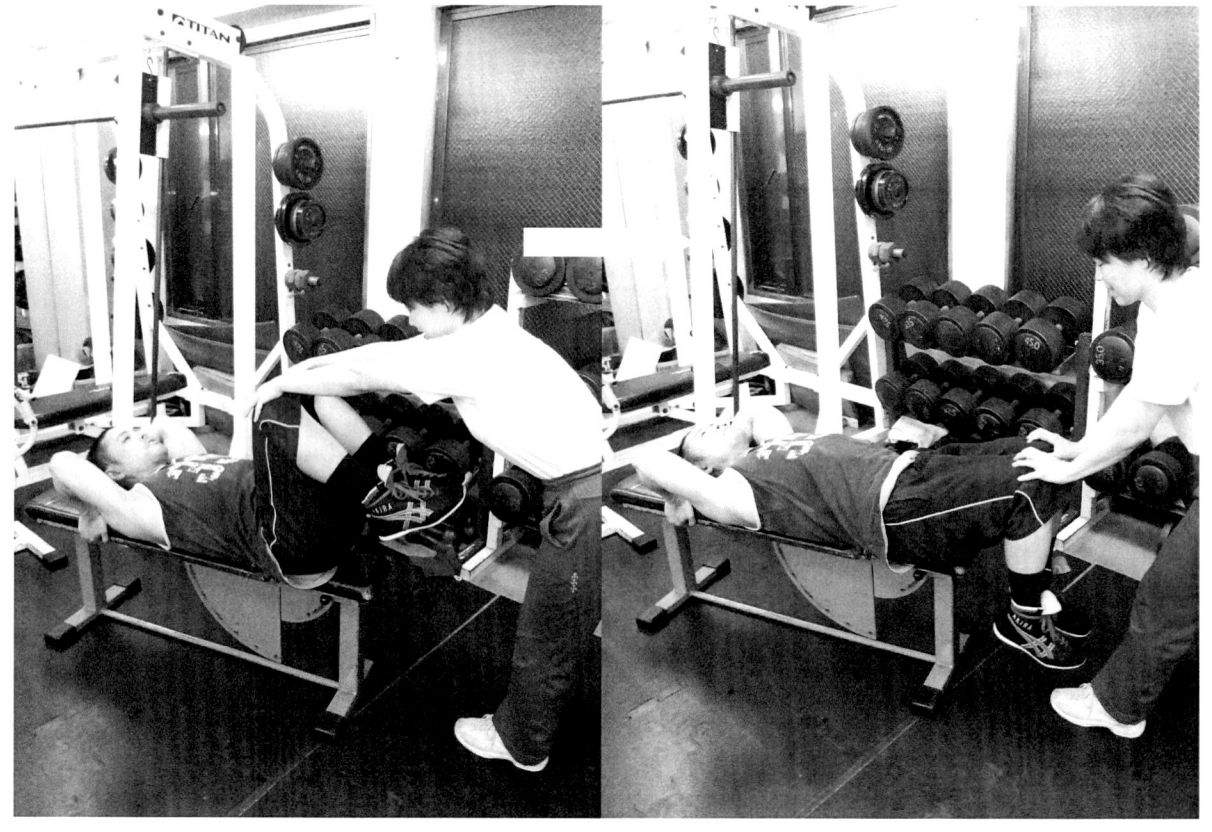

クランチ

●トレーニング重量と回数の目安

　アブドミナルマシン（レギュラーポジション）＆シットアップは5回〜9回正確な動作で、しかもメトロノームのテンポに合わせられる負荷を設定する。9回ネガティブでコントロールできれば、次回重量を増やす。

　ノーチラスアブドミナルマシン（クランチポジション）＆クランチは5回〜9回正確な動作で、しかもメトロノームのテンポに合わせられる負荷を設定する。9回ネガティブでコントロールできれば、次回重量を増やす

　レッグレイズ（徒手抵抗）は5回〜9回正確な動作で、しかもメトロノームのテンポに合わせられる負荷を設定する。9回ネガティブでコントロールできれば、次回重量を増やす

パターン①
1．アブドミナルマシン（レギュラーポジション）又はシットアップウォームアップセット
（トレーニング負荷の50％程度で）×10回
2．アブドミナルマシン（レギュラーポジション）又はシットアップウォームアップセット
（トレーニング負荷の75％程度で）×5回
3．アブドミナルマシン（レギュラーポジション）又はシットアップトレーニングセット
補助者が抵抗を加えトレーニーはそれに全力で抵抗する。ネガティブの限界を向かえたところまで（5〜9回で限界をむかえるように負荷抵抗を調整する）動作を行なった後、6〜10秒の休息をし、再びネガティブの限界まで（1〜3回）動作を行なう。
※1と2の間、2と3の間は1分間休息

パターン②
1．アブドミナルマシン（クランチポジション）又はクランチウォームアップセット
（トレーニング負荷の50％程度で）×10回
2．アブドミナルマシン（クランチポジション）又はクランチウォームアップセット
（トレーニング負荷の75％程度で）×5回
3．アブドミナルマシン（クランチポジション）又はクランチトレーニングセット
補助者が抵抗を加えトレーニーはそれに全力で抵抗する。ネガティブの限界を向かえたところまで（5～9回で限界をむかえるように負荷抵抗を調整する）動作を行なった後、6～10秒の休息をし、再びネガティブの限界まで（1～3回）動作を行なう。
4．レッグレイズウォームアップセット
（トレーニング負荷の50％程度で）×10回
5．レッグレイズウォームアップセット
（トレーニング負荷の75％程度で）×5回
6．レッグレイズトレーニングセット
補助者が抵抗を加えトレーニーはそれに全力で抵抗する。ネガティブの限界を向かえたところまで（5～9回で限界をむかえるように負荷抵抗を調整する）動作を行なった後、6～10秒の休息をし、再びネガティブの限界まで（1～3回）動作を行なう。
（※）1と2の間、2と3の間、3と4の間は1分間休息

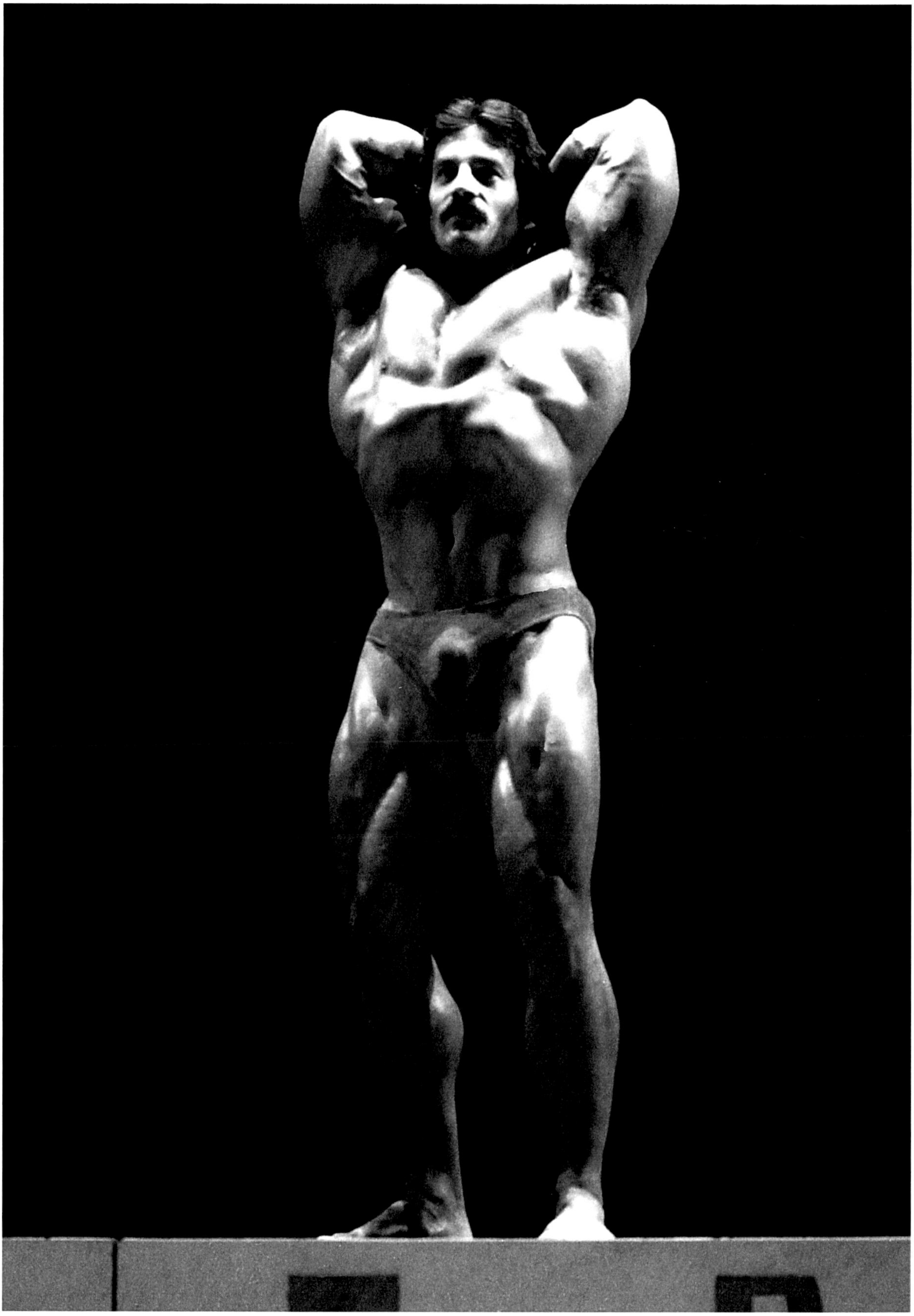

第12節

ヘビーデューティーマインド
ハイインテンシティトレーニングの未来

HEAVY DUTY MIND

　マイク・メンツァーが生涯に渡り探求して来た事は何だろうか？それは肉体と精神の融合だった。彼は常に過酷なワークアウトによって、自己を肉体的・精神的限界に追い込むことにより、（現在の）自己を超越し、更により高い次元でのそれを目指したのだ。

　自己超越を経験するためには、毎回、今現在の自分と向き合わなければならない。そして自分の中に有る、限界の壁に戦いを挑むのだ。ここでの勝利とは自分の内なるささやきに負けないことである。「もう、これくらいで良いんじゃないか」であったり「今日のところは十分頑張ったはずだから、次回また頑張ろう」と生理的限界を迎える前に、必ず心理的限界がブレーキをかける。それは命や身体を守るために人間に内在されたプログラムなのである。よって、自己超越を目指すものは、ワークアウトの度に敗北感に苛まれる。何故なら決して生理的限界の壁は突破はできないからである。

　しかし、そうした絶対に勝てない戦いに挑み続けるプロセスでこそ、強い自分を成長させる事ができるのだ。彼のトレーニングに象徴される、非常に少ない種目やセットでの方法は、正に己と向き合い、己と戦う事を意味している。このようなトレーニングを通して、高い集中力、精神性を獲得する事が HEAVY DUTY MIND を手に入れる手段の一つなのである。

正道会館、角田信朗最高師範との出会い

　ボディビルダー達は既成の概念に縛られているとも言える。ヘビーデューティトレーニングを実践と言いながらも、多セット法を行なったり、数多くの種目のアレンジやメニューの変更を頻繁に行なったりする。確かに種目を固定したり、セット数や種目を減らす事は、今までの自己の経験と照らし合わせたり、成功者の経験と照らし合わせても、とても勇気がいる事だろう。実際僕が指導するクライアントでも、アレンジやセットの追加をする人もいる。彼らが口を揃えて言うのは、「頭打ち」という言葉。しかし、真髄に触れてもいないにも関わらず、実際には記録も身体も伸びているのに「頭打ち」という言葉を使うのは何故だろうか？自分の体験・経験を信じ、邁進することはとても勇気のいる事だ。何故なら、この世界には、アドヴァイスしたい人がたくさんいるからである。こころが揺らぐ機会はとても多いものだ。

　以前から、一流のアスリートがこのトレーニングに挑戦したらどうなるだろうか？　とずっと考えてきたが、ストロング安田氏に正道会館、角田信朗最高師範を紹介していただくことになった。僕にとっては毎回のセッションが刺激的で、マイクの考えを証明する経験になっている。あの角田師範でさえ、「こんなに過酷なトレーニングは経験した事が無い」と話される。毎回のセッションで強度は増していき、精神的にも肉体的にも今ま

第2章：ヘビーデューティーマインド『実践編』

での上限を突破する。

師範はこう語る。「今まで限界だと思っていたところに扉があって、その扉を開いたら、また先に扉がある。限界を超える度に、限界はまだ先にある事を知る」と、そして師範の身体は驚くほどに発達を遂げている。今まで、理論的にという部分が、角田師範との出会いにより一気に確信へと変化した。マイクが言うワンセットオールアウトの重要性を僕は本当の意味で確信できたのだ、「このトレーニングは肉体だけではなく、こころも強くする」とは、角田師範の言葉である。格闘技のように他者との戦いではなく、トレーニングを通して自己との戦いにおいて精神を高めるのである。

最高の瞬間

1980年、マイクは過去最高のコンディションでミスターオリンピアに出場するも、優勝を逃し、彼はボディビルディングのコンテストシーンから姿を消した。それは潔くも見えたが、同時に多くの憶測を生んだ。マイクがコンテストの結果に不満をいだいたという声が、誠しやかにファンや関係者の間で囁かれたが、本当のところはどうだったのだろうか？彼は自著の中で、このように記している。

角田信朗師範

『私は１９７９年10月に行われるミスターオリンピアに向け心を決めた。今、私の自信やモチベーションは目を見張るほどに高くなっていた。いつでも初めから競技会での順位を通して一流をイメージしながら、ミスターオリンピアというプロフェッショナルな待望のタイトルを獲得することを計画した。それも３度以内の挑戦で、もし私がそれ以上かかるのなら、私はその競技から足を洗うつもりだと考えていた。私はそれを成し遂げなくてはならない、そうでなければ、もう忘れなければならないと思った。私はそのタイトルを獲得するまで粘り強く執念深いベテランとしては知られたくなかったのだ」
注）1979年ミスターオリンピアではヘビー級で優勝するが、オーバーオールでフランクゼーンに敗れる。翌年1980年、過去最高のコンディションでミスターオリンピアに出場するも５位に。1980年カナダカップを最後にコンテストシーンを去る。生涯20回のコンテストに出場し、9回の優勝。２位が７回、３位が２回、５位が１回、10位が１回だった。

マイクはこれ程までの覚悟を持ってコンテストに挑んでいたのだ。そして、彼は引退を決して後悔したりはしていない。何故なら彼は、潜在能力のある意味限界に到達出来たと実感できたからだ。（それは３度までの挑戦と決意したからこそ、極限に挑めたとも言える。）順位や他者からの賞賛は、彼にとって、もはや大きな価値は持たず、彼が人生を賭けて到達したレベルは、彼のその後の人生全てを肯定するに十分足り得るものであったのだ。そう、彼が影響を大きく受けた哲学者フレードリッヒニーチェが言ったように。たった一度の最高の瞬間を感じることができるのなら、その後の人生がどんなものであろうとも人間は肯定的に生きていけるのである。

皆さんもマイクのように生涯を賭けて挑む何かはあるだろうか？この本の読者なら、それはマイクと同じよ

うに、鉄の塊との格闘に、自らの肉体を通じて、あなたの精神をぶつける事かもしれない。何もチャンピオンになるような特別な目的や目標なんかじゃ無くても良い、あなたにとって価値ある目標を見つけ、挑み、最高の瞬間を経験しよう。その経験こそが、あなたの人生に深みを与え、毎日を生き生きとしたものにかえてくれるはずだ。

促進者・ファシリテーターの存在

　大きな目標に挑む時には、(マイクがオリンピアのタイトルに挑んだように)協力者の存在が不可欠であり、重要になってくるだろう。激しい戦いを勝ち抜くためには、自己に厳しくあると共に、他者への感謝も不可欠だ。戦いの只中で、敵と剣を向け合い、命がけの死闘を繰広げているのは自分だとしてもなのである。協力者の助けなしに、生き抜いていく事はできないものだ。その助けは、直接的かもしれないし、間接的なのかもしれないが、間違いなくあなたを援助している誰かは存在しているのである。
　マイクの場合は、弟のレイが一番の協力者だった。トレーニングパートナーであり、一番の理解者だった彼の存在無くして、マイクの成功は無かったかもしれない。レイはマイクと比べ、いつも日陰の存在だった。しかし、マイクが強く輝く太陽のような存在であったのは、その影の存在があったからなのである。マイクは彼への感謝を常に意識していたのは、マイクの晩年の仕事を見ればよくわかるだろう。(自分の出演ビデオ等にレイを出演させている。)
　ボディビルディングにおいてはトレーニングパートナーや、トレーナーの存在はとても大きく、あなたが目標にしたゴールへ到達できるかどうかは、彼らの存在にかかっていると言っても過言ではないだろう。自己の限界に毎回挑み続けるハイインテンシティトレーニングにおいては、彼らの発する『言葉』や『行動』が戦い続けるトレーニーを勇気づける。トレーニーはゴールに向かって走り続けるランナーだとするならば、彼らはあなたがゴールテープを切るために、道に迷わないようにゴールの方向を示したり、時には足元を照らしたり、あらゆるサポートをする伴走者なのだ。
　そういった存在の人たちを僕はファシリテーター(促進者)と呼ぶ。あなたの代わりにファシリテーターが走ってくれる事は無い。しかし、ゴールまでの道のりを、本人さえもが諦めそうになった時にも、可能性を信じ続ける存在があるとすれば、これ以上頼もしいものは無いだろう。

ハイインテンシティトレーニングの未来

　マイクは自著でこのように述べている。
『将来ボディビルダー達が、今の常識の範囲内で成長できるレベルを超える、飛躍的なトレーニング科学の進歩やトレーニング設備の技術的な進歩は期待できないであろう。今現在、達成している強度を超えるために必要なものは、自己の意識の中で眠っている原動力なのだ。』
　しかし、本当にそうだろうか？日々科学は進化し、新しい発見もある。10年前には考えられなかったような環境が、我々の周りを取り囲む。事実インターネットの普及等により、以前には考えも及ばなかった情報が瞬

時にして手に入る世の中に変化した。僕はこう考える。一つのスタイルに固着して、進歩を止めてしまうなら、究極には到達できないだろうと。ノーチラスマシンの開発者アーサージョーンズ博士は既存の理論に囚われず、オリジナルのアイデアをトレーニング界に発表し、現在もなおその影響力は計り知れない。博士のようにあらゆる可能性に開かれ探求し続けることが究極のハイインテンシティトレーニングに辿り着く唯一の手段だと考える。もしも、マイクが生きていたらどうだろうか？きっと新しい発見にも興味を抱き、研究し、実践につなげて行ったのではないだろうか？しかしマイクはこのようにも言っている。

『たとえ、最も実りのある高強度法でトレーニングしたとしても、あなたの態度が負け越しの姿勢ならば失敗に終わるだろう』

　方法や理論は重要なファクターではある事は間違いないが、本当に大切なものは、自分のこころの中にある。マイクが生涯に渡り探求し続けたのは肉体と精神の融合なのである。あなたがもし、自分のこころを見つめる事ができるようになり、自己の潜在能力を最大限に引き出すことができれば、あなたのBESTの身体とこころを手に入れる事ができるだろう。そう、それは哲学者ニーチェがイメージした超人のように。

付録：記録用紙

　目標達成プログラム・目標設定＆形態測定・トレーニング・食事・写真撮影の記録用紙です。以下の用紙は、皆さんが使いやすいサイズにコピーしてご使用下さい。

　このトレーニングをはじめられる前に、まず目標達成プログラムを記入し、ご自身の目標を明確にし、その目標に対する達成イメージを上げていくことからスタートします。

　目標設定＆形態測定記録カードは更に具体的な期間の設定と、実際に計測したデータが加わります。記録を記入しながら、目標の上方下方修正を随時行いましょう。

　トレーニングカードと食事記録用紙は毎回ご記入下さい。トレーニングカードに記録したデータが、次回のトレーニングの目標重量や回数に反映されます。食事記録は体重の増減にとって、改善点を考える上で重要なデータになります。細かく記入しなくても、メモ程度でも充分です。

　写真撮影の用紙には、前・横・後面の写真をプリントアウトして貼ってください。同じ角度で定期的に写真撮影することにより、正確な比較ができます。体重には反映されない、身体の変化が写真を見ることではっきりします。

　このような記録をとる事は、面倒に感じられるかもしれませんが、目標達成にはとても役に立つ方法です。高強度トレーニングを行なうためには、明確な目標設定や客観的なデータによる経過の確認は不可欠です。

　一日数分で、トレーニング効果をあげることができるので、是非このシステムを導入してください。

■目標達成プログラム記録用紙

目標達成プログラム　　　　　　　　　記入日　年　月　日
わたしの目標は＿＿＿＿＿＿＿＿＿＿＿＿＿です。

　　　　それでは身体を目標を達成するための６つの問いに答えましょう。

Q１目標を達成できるイメージをあなたは何パーセント持っていますか？
＿＿＿＿＿＿＿＿＿＿＿＿＿＿＿＿＿＿＿％

Q２目標を達成する事はあなたにとってどの様な意味がありますか？どれほど重要ですか？
＿＿＿＿＿＿＿＿＿＿＿＿＿＿＿＿＿＿＿＿＿＿＿＿＿＿＿＿＿＿＿＿＿＿

Q３目標を達成する事ができれば、あなたはどの様に変るでしょうか？あなたの周りの反
　応はどうでしょうか？そしてあなた自身の心境はどう変るでしょうか？
＿＿＿＿＿＿＿＿＿＿＿＿＿＿＿＿＿＿＿＿＿＿＿＿＿＿＿＿＿＿＿＿＿＿

Q４具体的に（体重やその他の計測値等）どうなったら目標を達成した事になりますか？
＿＿＿＿＿＿＿＿＿＿＿＿＿＿＿＿＿＿＿＿＿＿＿＿＿＿＿＿＿＿＿＿＿＿

Q５あなたは目標をいつまでに達成したいですか？
＿＿＿＿＿＿＿＿＿＿＿＿＿＿＿＿＿＿＿＿＿＿＿＿＿＿＿＿＿＿＿＿＿＿

Q６目標達成をあなたから阻むものがあるとすれば、それは何でしょうか？
もしも、あなたの目的を阻むものがあるとするなら、ここではっきりさせたほうが良でしょう。それは現実的に考えて仕方の無い事かもしれないし、あなたの思い込みかもしれません。目的を阻む要因を書き出して、それについての反証を書き、その結果どのように思考が適応するか試してみましょう。

○　　要因とそれに伴う感情

＿＿＿＿＿＿＿＿＿＿＿＿＿＿＿＿＿＿＿＿＿＿＿＿＿＿＿＿＿＿＿＿＿＿
↓
○　　反証

＿＿＿＿＿＿＿＿＿＿＿＿＿＿＿＿＿＿＿＿＿＿＿＿＿＿＿＿＿＿＿＿＿＿
↓
○　　適応的思考

＿＿＿＿＿＿＿＿＿＿＿＿＿＿＿＿＿＿＿＿＿＿＿＿＿＿＿＿＿＿＿＿＿＿

上記のように原因、要因、それに伴う感情を書き出し、それらに対して反証してみて、あなたの現実のとらえ方に変化は起こりましたか？（適応的思考）事実は変わる事ありませんが、物事のとらえ方が変化すれば、あなたの心の中の事実に対してのイメージも変化するのです。

それでは６の質問まで答えた後で、もう一度、目標達成のイメージは何パーセントになったか確認して下さい。

＿＿＿＿＿＿＿＿＿＿＿＿＿＿＿＿＿％

■目標達成プログラム記録用紙

目標設定データ（ウエイトの増減を目的とする場合はできるだけ数値も具体的に記入）

あなたの目標は何でしょうか？

その目標設定が現実的なものか検証してみましょう。

あなたが検証し目標とした課題を達成できる確立は何パーセントですか？（予測イメージ）

あなたの目標を阻むものがあるとしたらそれはどんなものでしょうか？

目標を阻むものに反証をしてみましょう！（上で有ると答えた人のみ）

より具体的な目標に移ります。プログラム終了後（１２週後）の目標は？

プログラム８週後の目標は？

プログラム４週後の目標は？

プログラム１週後の目標は？

目標設定が完了しました。あなたの目標達成イメージに変化はありましたか？確立は何パーセントになりましたか？

形態測定データ

基本的に毎回同じ服を着用。同じ位置で測定してください。

年　月　日測定	年　月　日測定	年　月　日測定	年　月　日測定
初回	４週間後後	８週間後後	１２週間後後
身長　　　ｃｍ			
体重　　　ｋｇ	体重　　　ｋｇ	体重　　　ｋｇ	体重　　　ｋｇ
目標体重　　ｋｇ	ｋｇ	ｋｇ	ｋｇ
体脂肪率　　％	体脂肪率　　％	体脂肪率　　％	体脂肪率　　％
胸囲　　　ｃｍ	胸囲　　　ｃｍ	胸囲　　　ｃｍ	胸囲　　　ｃｍ
胴囲　　　ｃｍ	胴囲　　　ｃｍ	胴囲　　　ｃｍ	胴囲　　　ｃｍ
大腿囲　　ｃｍ	大腿囲　　ｃｍ	大腿囲　　ｃｍ	大腿囲　　ｃｍ
上腕囲　　ｃｍ	上腕囲　　ｃｍ	上腕囲　　ｃｍ	上腕囲　　ｃｍ

付録：記録用紙

■トレーニング記録用紙

フリガナ		年齢	歳	トレーニング目的		プログラム実施
名前		性別	男・女	身体不調部位		年 月 日～ 年 月 日

月/日(曜日)	テンポ	/( )	/( )	/( )	/( )	/( )	/( )	/( )	/( )
体重(トレーニング前)									
体重(トレーニング後)									
メンタルコンディション フィジカルコンディション									
今日のトレーニングテーマなど									
今日のトレーニングの感想など									

■体重推移表

体重変化表（毎回同じ条件で測定してください。）

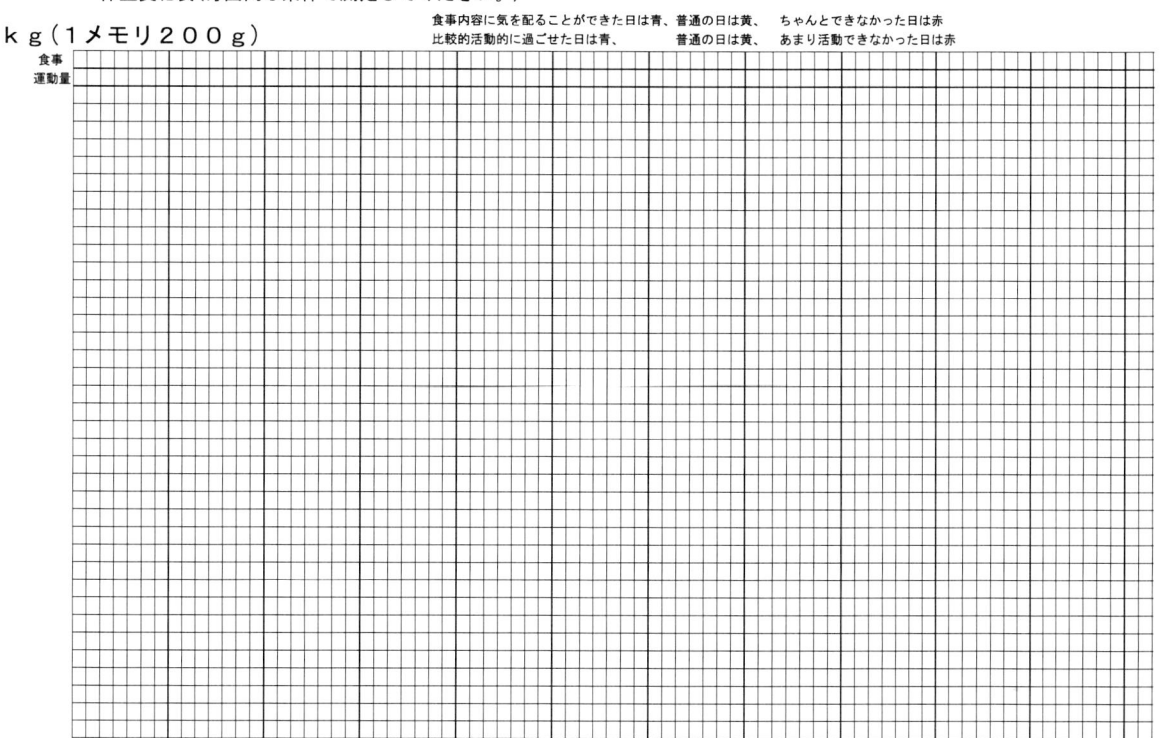

ｋｇ（１メモリ２００ｇ）

食事内容に気を配ることができた日は青、普通の日は黄、ちゃんとできなかった日は赤
比較的活動的に過ごせた日は青、　　普通の日は黄、あまり活動できなかった日は赤

食事
運動量

月日

■食事記録用紙

食事記録　年　月　日〜　年　月　日			
書ける範囲で無理のない程度記入しましょう。カロリーのある物は全て記入します。			
食事時間	月　日	月　日	月　日
振り返り			
自己評価〇△×			

■写真撮影用紙

撮影データ			
基本的に撮影時毎回同じ服を着用。身体のラインのわかりやすい服装で撮影してください。			
年　月　日撮影	年　月　日撮影	年　月　日撮影	年　月　日撮影
初回	４週間後	８週間後	１２週間後
前面	前面	前面	前面
横面	横面	横面	横面
後面	後面	後面	後面

■トレーニング記録用紙と食事記録用紙の記入例

メトロノームテンポ

トレーニング種目名を記入

重量/回数を記入

今日のトレーニングの感想など

フリガナ		年齢	歳	トレーニング目的		プログラム実施
名前		性別	男・女	身体不調部位		年 月 日～年 月 日

月/日(曜日)	テンポ	/( )	/( )	/( )	/( )	/( )	/( )	/( )
体重(トレーニング前)								
体重(トレーニング後)								
メンタルコンディション / フィジカルコンディション								
今日のトレーニングテーマなど								

短いコメントを記入する

右図のように食事時間と食事内容を記入します。

振り返りの欄には短いコメントを、そしてその日の自己評価を記入します。

食事記録　年　月　日～　年　月　日				
書ける範囲で無理のない程度記入しましょう。カロリーのある物は全て記入します。				
食事時間	○月△日	月　日	月　日	
6:00	お味噌汁 6:00 ご飯(お茶碗一杯) 焼き魚			
7:00				
8:00				
9:00	9:00 缶コーヒー			
10:00				
11:00				
12:00	肉じゃが 12:00 ご飯(大盛り) サラダ			
13:00				
14:00				
15:00	プロテイン20g 15:00 牛乳(200cc) ロールパン一個			
16:00				
17:00				
18:00				
19:00				
20:00	20:00 カレーライス サラダ			
21:00				
21:00				
振り返り				
自己評価○△×				

あとがき

　本書は月刊ボディビルディング誌に1年半連載された『HEAVY DUTY MIND』を再編集したものです。長期に渡るご愛読に心から感謝すると共に、連載の機会を与えていただいた月刊ボディビルディング誌の鎌田勉編集長、そしてストロング安田氏にこの場でお礼を申し上げたいと思います。

　いつか大好きで、尊敬するマイク・メンツァー氏のことを発表できたらと思っていました。連載が始まるかなり前、ストロング安田氏から鎌田編集長をご紹介いたのですが、その時は自分の中で構想がまとまっておらずお断りしました。しかし、その時にストロング安田氏から『チャンスが来た時に行動を起こさなければ、何度もチャンスが訪れるとは限りませんよ』と言われた言葉がずっと頭から離れず、次にもしもお話を頂けたなら、二つ返事で引き受けようと思ったことを思い出します。僕にとっての大きなチャレンジでしたが、今まで学び、実践してきた事を一つのまとまった形にする絶好の機会になりました。そして、マイク・メンツァー氏の偉大な業績と共に、自らの考えや実践を発表できたことは、自分自身の大きな財産にもなりました。

　いろいろな方のサポートや理解を得て、歴史ある月刊ボディビルディング誌で発表できた事を本当に嬉しく思っています。連載やセミナーを通じて全国にいる、たくさんのトレーニーや指導者の皆さまとの交流の機会を得る事ができました。

　そして2012年7月から、株式会社BELL zのコーディネートにより、スポーツクラブNASにおいてHIGH-INTENSITY THE BEST という名称で、マイク・メンツァー氏の考えをベースにしたファシリテーター養成講座をスタートし、既に資格取得者が東京、大阪で誕生しています。近い将来、全国でこのトレーニングを体験できるようになるでしょう。きっと天国にいるマイク・メンツァー氏も、「何か楽しそうな事をやっているじゃないか、俺も仲間に入れろ！」と、この活動を喜んでくれていると信じています。

　高強度トレーニングの可能性、探求や、実践の報告は、また次の機会にしていこうと思っています、その時が来るまで、暫くの間さようなら。

　　　　　　　　　　　（スポーツクラブNAS ファシリテーター養成講座へ向かう新幹線の中で）

●著者プロフィール

小川 淳（おがわ　じゅん）

1970年4月生まれ

　20歳の時にベニスゴールドジムでマイク・メンツァーのヘビーデューティートレーニングに出会う。以後、ヘビーデューティートレーニングを独自で探求し、現在指導の中核概念として取り入れる。心理カウンセラーの資格を持ち、人間の潜在能力に着目し、高強度トレーニングのために必要なメンタル面からのアプローチを実践し指導に取り入れている。

　また、21歳の時にはスポーツクラブチーフトレーナーに就任し、日本ヘルス＆スポーツ学院ウェイトトレーニング実技講師を務める。24歳には日本ボディビル連盟公認ジャングルジムSPORTSを設立し、現在に至る。

ジャングルジムSPORTS代表
カウンセリング実践＆研究 こころラボ 代表
公益社団法人日本ボディビル・フィットネス連盟　正会員
公益社団法人日本ボディビル・フィットネス連盟　障害者フィットネス専門委員
公益社団法人日本ボディビル・フィットネス連盟　公認審査員
大阪ボディビル連盟副理事長
財団法人関西カウンセリングセンター認定　上級心理臨床カウンセラー
日本ハイインテンシティトレーニング協会（JHITA）認定　スーパーバイザー
（2013年5月現在）

肉体と精神　**究極のトレーニング・バイブル**　〜ヘビーデューティーマインド〜

発　行	2013年8月30日　初版1刷発行
	2024年9月10日　初版第2刷発行
著　者	小川　淳
監　修	日本ハイインテンシティトレーニング協会（JHITA）
発行人	手塚栄司
発行所	（株）体育とスポーツ出版社
	〒135-0016　東京都江東区東陽2-2-20
	電話 03-6660-3131　mail:eigyobu-taiiku-sports@thinkgroup.co.jp
編　集	株式会社 M.B.B.
	〒179-0071　東京都練馬区旭町3-24-16-102　電話 03-5904-5583　mail:bb-h@mbbmag.co.jp
印刷所	新日本印刷株式会社

©2013　J. Ogawa

定価はカバーに表示してあります。落丁本・乱丁本は弊社営業部宛にお送りください。送料弊社負担にてお取り替え致します。
Printed in Japan
ISBN 978-4-88458-284-5